読みだしたら 止まらない

超凝縮

THE SHORTEST HISTORY
OF
ECONOMICS

人類と経済学全史

アンドリュー・リー
Andrew Leigh
黒輪篤嗣〔訳〕

東洋経済新報社

This edition is published by arrangement with Black Inc.
through Tuttle-Mori Agency, Inc.

目次

序章　1
劇的に変化した人工的な明かり　1
市場というシステムとその発展の歴史　3
経済学とは何か？　5
制度には人の行動を変える力がある　7
経済の要は「分業化」にある　8
社会を大きく変化させるもの　10
経済学が取り組んでいること　13

第1章　出アフリカと農業の始まり　15
古代社会の厳しい暮らし　15
インダス文明が忘れ去られた理由　17

人々は「消費の平準化」を求めた 19
犂の発明と権力の力学の変化 21
なぜユーラシアだったのか？ 22
農業革命の光と影 24
古代の発明家が生産性に無関心な理由 26
■宗教の経済学 28
貨幣の機能と形態 30
交易の増大と「比較優位」 32

第2章 大運河、印刷機、疫病

35
水路がもたらした中国の繁栄 35
海上交易によって発展した都市 36
■「社会的流動性」とは何か？ 37
「非競合性」と特許法の導入 41
宗教の経済発展への影響 42
停滞した中世ヨーロッパの封建社会 43
ペストがもたらした実質賃金の上昇と封建制度の崩壊 44

第3章 帆船の時代 47

大規模な航海がもたらした「コロンブスの交換」 47
悲惨極まる奴隷貿易 49
金と銀の大量流入によるスペイン経済の衰退 50
■メディチ家の繁栄 51
病気の分布が植民地の分布を左右した 53
強大な力を誇った東インド会社 54
保険の誕生と救貧制度の創設 56
シェイクスピアと魔女裁判の時代 58
■チューリップバブル 59

第4章 産業革命と国民の富 63

世界を一変させた産業革命 63

複数の連動した革命 64
「汎用技術」が活用されるようになるまでには時間がかかる 66
近代経済学の父アダム・スミス 68
自由市場と民主主義の相乗効果 70
フランスとヨーロッパ諸国との戦争と金本位制 71
ジェレミー・ベンサムの功利主義 72
「限界効用の逓減」や「機会費用」という概念 73
鏡や時計が変えた社会 75
ラッダイト運動の拡大 76
英国の非人間的な救貧院 78
フレデリック・バスティアが示した重要な論点 79
関税に反対したデイビッド・リカード 81

第5章 貿易、移動、技術の急発展 83

穀物法の廃止と貿易という戦い 83
日本の開国と「富国強兵」 85
関税の撤廃による自由貿易の拡大 86

企業が果たした重要な役割と労働組合の結成　88
経済の差が勝敗を分けた南北戦争　90
オーストラリアにおける労働運動　91
■老大家と若き天才　92
社会保障制度や公衆衛生の発展　94
独占という問題と「モノポリー」ゲーム　97
米国で成長した格子状の都市と摩天楼　99

第6章 経済モデルと工場の近代化　101

アルフレッド・マーシャルがグラフで表した需要と供給の関係　101
マーシャルの経済学の明快さ　103
連邦準備銀行の設立とその役割　104
「組み立てライン」という生産方式の導入　106
小売業におけるイノベーション　108
技術のイノベーションがもたらした薬物中毒　109
大規模な人口移動　110
第一次世界大戦が招いた混乱　111

■共有地（コモンズ）の悲劇　112

第7章

第一次世界大戦と大恐慌　115

敗戦国ドイツが見舞われたハイパーインフレ　115
「世界大恐慌」の始まりとその原因　117
不況に対するふたつの異なる考え方　119
まったく対照的だったハイエクとケインズ　121
大恐慌が長引いた理由　123
大恐慌がもたらした進歩的な改革　125
ジョーン・ロビンソンが覆した経済学の定説　126
ロビンソンが提唱した「モノプソニー」という概念　128
国民所得を計測する試み　129
■アフリカ系アメリカ人女性のセイディー・アレクサンダーが主張した「完全雇用」の重要性　131

第8章

第二次世界大戦とブレトンウッズ

135

「ファンダメンタルズ」から予想できた第二次世界大戦の結果　135
第二次世界大戦は工業生産の戦いだった　136
計量経済学の進歩　138
ブレトンウッズ協定で築かれた平和のための経済構造　139
ビル・フィリップスが考案した「MONIAC（貨幣国民所得アナログコンピュータ）」　141
ポール・サミュエルソンが刊行した教科書とそこで重視された「比較優位」の概念　142
「ベバリッジ報告」とその理念　144
増大する政府の役割　145

第9章

黄金の30年？ 147

収入も就職も「運」が左右する 147
累進課税と所得の再分配 148
労働組合が変えた職業生活 149
格差のふたつの理論 151
格差が縮小した戦後の数十年間 152
フランチャイズ方式の拡大 153
エアコンの普及が可能にした人口の移動 154
ゲーリー・ベッカーによる犯罪のコスト計算 155
競争が差別撤廃の一助となる 156
応用経済学の進歩と相関関係と因果関係の区別 157
■世界をつなげた輸送コンテナ 157
進む経済統合とその利点 160
空の旅がもたらしたすばやい決済手段 161
ジョージ・アカロフによる「情報の非対称性」の説明 163
毛沢東の政策が招いた悲劇 164
キューバと南米諸国の失敗 165

インドで低成長が続いた理由 167
アマルティア・センが主張した「〜する自由」 167
共産主義から資本主義へ 169
■飢饉と政治 170

第10章
市場がすべて？ 173

集産主義からの転換 173
サッチャーやレーガンが目指した「小さな政府」と労働組合の弱体化 175
ミルトン・フリードマンが唱えた「恒常所得仮説」とその問題 176
推し進められた規制緩和と民営化 178
マイケル・ポーターの「5つの力」と民営化の問題点 179
■美人は得をする 180

第11章 インフレ目標と格差 183

ハイパーインフレと金本位制の終焉 183
金利の設定への政治的な干渉と中央銀行の独立 185
中央銀行によるインフレ目標の導入 186
金利は経済活動のアクセルとブレーキ 187
中央銀行はうまくやっているのか? 188
インドの改革が経済に与えた影響 190
貿易を促進した要因 191
貿易によって発展したアジアの国々 193
デリバティブとそのリスク 194
林毅夫が主張する政府の役割の重要性 195
テクノロジーが可能にした人口の増加と長い平均寿命 197
医療の発達とそれに貢献する経済学 200
所得よりも幸福が肝心 201
拡大する格差 202
「エレファント・カーブ」から明らかになること 203
ヨーロッパと米国における格差対策の違い 204

「医療の鉄のトライアングル」のバランスをいかに取るか 206
公共投資の少なさが経済格差につながる 207
■スポーツ経済学 208

第12章 熱い市場と熱くなる地球 211

ドットコムバブルの崩壊 211
行動経済学を切り開いたダニエル・カーネマン 213
地球温暖化と「スターン報告」の提言 215
未来の世代の幸福を重視するための「低い割引率」 217
「消費者余剰」と「生産者余剰」 219
サブプライムローンと「世紀の空売り」 220
■男女の賃金格差 222
汚職が経済成長を妨げている 227
汚職を防ぐための取り組み 228
資産運用者たちは無能なのか? 229
インデックスファンドとは何か? 231
金余りが招いた低金利と中央銀行が頼った「量的緩和」 233

「トランプ関税」とブレグジットによる悪影響　235
広がる経済学のテーマ　236

第13章　パンデミックとその後　237

新型コロナウイルスがもたらした世界経済の停滞とふたつの発明　237
はげしいインフレと中央銀行への批判　238
生産の集中や独占による弊害　240
テクノロジーの進歩は企業規模を小さくする？　243
アルゴリズムから生まれる由々しい事態　243
ビッグデータの活用　245
■法廷経済学　246
衛星データが明らかにすること　249
新たな経済統計の必要性　251

第14章 経済と経済学の過去、現在、未来 253

世界はかつてよりずっと良くなっている 253
収入が多い人ほど幸福度が高い 256
格差の拡大が及ぼす悪影響 257
アイデンティティーは生産活動によって形成される 258
AIの可能性とリスク 259
地球温暖化という「テールリスク」 261
経済学にできることはまだまだたくさんある 262
■起こりうる最悪の事態 262
イノベーションの経済学と経済学による実践的なアドバイス 266
経済学は何の役に立つのか? 268

謝辞 271
原注
図版出典
索引

序章

劇的に変化した人工的な明かり

先史時代には、人工的な光源はたき火しかなかった。もしその頃のわたしたちの祖先が、現在の家庭用の電球1個から1時間に発されるのと同じ量の光を作り出そうとしたら、58時間かけて薪を集める必要があった。[1]

古バビロニア王国（前1900年頃〜前1595年）の時代には、ごま油のランプが最先端の照明具だった。前1750年頃のバビロニアの労働者がそれだけの光量を生み出そうとしたら、41時間働かなくてはならなかった。

油やギーと綿芯を用いた陶器製のランプ。

やがて、蝋燭が登場した。当初は獣脂製で、これは作るのにたいへんな時間がかかった（しかも臭いがひどかった）。18世紀末ですら、電球１個１時間ぶんの光を放てるだけの蝋燭を作るには、５時間を要した。19世紀に入ると、ガス灯が開発され、電球１個１時間ぶんの光を生み出すのに必要な時間は２、３時間にまで減った。

　その後、電球の発明で明かりはいっきに安くなった。20世紀初頭には、わずか数分の労働で電球１個１時間ぶんの明かりが買えた。さらに現在では、家庭用のＬＥＤ電球を１時間つけるのに必要な電気代は、１秒働くだけで支払える。

　照明を基準にするならば、労働から得られる収入は、先史時代から現代までのあいだに30万倍、１８００年から現代までのあいだに３万倍上昇したことになる。古代人にとって、闇夜を照らすのは大

照明技術の進歩。左から順に、蝋燭、白熱灯、蛍光灯、LED。

仕事だったが、わたしたちはほとんどコストを気にせず、指先だけで気軽に明かりをつけられる。

このような劇的な変化をもたらした要因は、ふたつある。ひとつは、照明技術の進歩（今も技術の進歩は日々続いている）。そしてもうひとつは、労働生産性の向上だ。これはわたしたちが祖先に比べ、同じ時間でより多く稼げるようになったことを意味する。

市場というシステムとその発展の歴史

この照明の歴史には本書の重要なテーマのいくつかが映し出されている。先史時代の人々はひとりですべてのことをしなくてはならなかった。それに対し、現代の労働者は自分の得意なことを専門に手がけている。わたしたちは市場を介することで、自分の生産物を他人の生産物と交換することもできる。しかも市場では価格のインセンティブ効果が働くので、ものが不足すれば生産活動は活発になるし、ものが余れば抑制される。

ただし市場システムは完璧ではない。むしろ完璧からはほど遠い。「市場の失敗」によって、失業やカルテル、交通渋滞、過剰漁獲、汚染をはじめ、数々の問題が生まれている。

本書は小さい本だが、内容は大きな本に負けない。本書で語られるのは、資本主義の歴史だ。それは取りも直さず市場というシステムがいかに発展してきたかの歴史でもある。また経済学の歴史を振り返って、その確立に貢献した人物も紹介したい。さらに経済力がどのように世界の歴史を形作ってきたかも掘り下げる。

なぜアフリカがヨーロッパを植民地化するということが起こらず、その逆のことが起こったのか。１９３０年代、貿易や移民が制限されたことで、どういう事態が生じたか。なぜ第二次世界大戦で連合国は勝ったのか。１９５０年代から60年代にかけて、多くの先進国で不平等が縮小したのはなぜか。１９８０年代、財産権がどのように中国の急成長を支えたのか。本書をお読みになれば、これらの問いへの答えが見つかるだろう。

経済学とは何か？

経済学をひと言で定義するなら、人々の必要性を満たせるだけの財やサービスが不足している状態（希少性）で、どうすれば人々の幸福を最大化できるかを研究する社会科学といえる。

経済学は、人々が個人としてどう行動するかや、家庭や会社でどのように協力し合っているかを探る。売り手と買い手によって均衡価格が決定される市場において、わたしたちがどのように互いに影響し合っているかにも注目する。また、市場のメカニズムが正しく機能しなかったとき（「市場の失敗」）にどういうことが起こるかや、貧困や気候変動や価格操作といった問題を公共政策によってどのように改善できるかについても考える。

本書では、ミクロ経済学とマクロ経済学とが混ぜ合わされている。[2] ミクロ経済学は、個人の意思決定について研究する経済学であり、マクロ経済学は経済全体に目を向ける経済学だ。一般向けの経済学の本では、たいていそのどちらかに重点が置かれている。

例えば、有名なところでは、『ヤバい経済学——悪ガキ教授が世の裏側を探検する』や、『インセンティブ——自分と世界をうまく動かす』や、『50——いまの経済をつくったモノ』はミクロ経済学を紹介している本だし、『世界大不況からの脱出——なぜ恐慌型経済は広がったのか』や、『20世紀経済史——ユートピアへの緩慢な歩み』や、『国家は破綻する――金融危機の８００年』はマクロ経済学について解説した本だ。

本書ではこの両方の視点を取り入れている。個人の意思決定にも、社会全体の軌跡にも触れながら、経済学の歴史をたどっていきたい。

経済学を不毛とか、守銭奴の学問とか、あるいは狭量とかいって批判する人々は、トーマス・カーライルによって経済学につけられたあだ名「陰気な科学」を好んで口にする。しかし、どういう経緯でそのようなあだ名がつけられたのかには無頓着だ。

カーライルは、19世紀に活躍した英国のエッセイストだが、西インド諸島に奴隷制を再導入するべきだと主張する人種差別主義者だった。「陰気な」ものとしてカーライルが退けようとしたのは、人間はみんな平等であるという考え方だったのだ。だからわたしは多くの経済学者と同じように、この蔑称をむしろ誇りを持って受け入れたい。

カーライルは経済学を蔑んで、次のようにいっている。「オウムに需要と供給という言葉を教えれば、いっぱしの経済学者に仕立てられる」と。[3] 需要と供給の図は確かに便利なものだが、本書には出てこない。経済学をまったく勉強したことがないかたでも、本書は楽しんでいただけるはずだ。

経済学者の考え方を学べば、人生をよりよい方向に変えられるだろう。経済学には知られざる魅力がある。それは誰でも理解できる重要な概念をいくつか知れば、そこからすはらしい洞察が導き出せるということだ。

制度には人の行動を変える力がある

じつは、わたしはすでにそのような概念のひとつに触れている。インセンティブだ。スポーツの競技で1位と2位の賞金に差をつけると、選手のパフォーマンスは高まる。ランナーであればタイムが縮み、ゴルファーであればホールアウトの打数が減る。[4]出産にすらインセンティブの効果は現れる。オーストラリアで、２００４年7月1日以降の出産に「出産手当」が支給されることが決まると、その7月1日の出生数は過去最高を記録した。[5]なぜか。妊婦たちが手当を受け取ろうとして、分娩《ぶんべん》誘発や帝王切開を遅らせたからだ。

米国で相続税の税率が変更されたときには、死亡時刻にも変化が見られた。これは税額を最小限に抑えようとして、死ぬのが遅くなったり、早くなったりした人がいたことを示唆している。[6]この世で確実なのは死と税金だけだとよくいわれる。この場合には、税率が変わり、死亡率もそれに合わせて変わったわけだ。

もちろん経済学は人間の欲望ばかりを扱っているわけではない。女性で初めてノーベル経済学賞を受賞したエリノア・オストロムは、インドネシアの漁場からネパールの森まで、人々が協力して希少資源を管理している地域が数多くあることに注目した。

２００９年のノーベル賞受賞記念講演では、利己的な個人に都合のいい制度を設計しようとする経済学者の傾向に批判を浴びせている。そのような制度ではなく、「公共政策の第一の目標にすべきは、人間の最良の部分が引き出される制度を築くことである」というのが彼女の主張だった。インセンティブは重要だが、本書ではオストロムの楽観主義を正しく理解し、経済学者も理想家になりうることを示したい。

経済の要は「分業化」にある

経済学のもうひとつの重要な概念は、分業化だ。髪をきれいに切ることも、自動車の割れたフロントガラスを交換することも、ブドウをワインに変えることも、スマートフォンのアプリを作ることもすべてできるという人は、世の中に何人いるだろうか。数カ月かけて学べば、多くの人はそれらのことがある程度までできるようになるかもしれない。しかし、そういう技能を身につける過程が楽しいというのでないなら、そういうことはお金を払って、専門家に任せ、自分は自分の得意なことに専念するほうが賢明だ。

あらゆる技能を身につけることに生涯を費やしても、万能ナイフのような人間になるのが落ちだろう。万能ナイフはたとえ「万能」だとしても、ナイフはふつうのナイフより使いづらいし、鋏《はさみ》は腹立たしいほど小さいし、ドライバーは実用に適さない。分業化は、現代の経済の要をなす要素だ。

ものを製造する工程も分業化している。例えば、中国には1種類の製品の製造に特化した都市がいくつかある。義烏市はクリスマスの飾りの製造に特化しており、世界で売られているクリスマスの飾りのほとんどはこの義烏市で製造されたものだ。葫芦島市は、世界の水着の4分の1を製造している。丹陽市は、「眼鏡の産地」として知られる。泰州市は昔からバスルーム用品の製造に特化してきたが、近年は、スマートトイレの開発の世界的な中心地になっている。[7]

分業化の隆盛により、貿易の重要性も増している。例えば、ボーイング787「ドリームライナー」の機体を見てみよう。バッテリーは日本製、翼端は韓国製、床梁《ゆかばり》はインド製、水平尾翼はイタリア製、着陸装置はフランス製、貨物ドアはスウェーデン製、逆推力装置はメキシコ製だ。[8]

たいていの一般的なスマートフォンは、「メイド・イン・ザ・ワールド」と呼ぶのがいちばん正しい。部品や原材料を最もコストの安いサプライヤーから調達することで、国産の材料だけを使ったら高価になりすぎてしまう製品も製造できるようになる。

期せずして、この分業化の効果をこれ以上ないほど見事に示してみせたのは、英国のアーティスト、トーマス・トウェイツの「トースター・プロジェクト」だ。これは自分で入手した原材料だけを使って、すべて手作業でトースターを作ることに挑戦するという企画だった。[9]

トウェイツはイングランドの廃鉱で鉄鉱石を、ウェールズの鉱床で銅を、スコットランドの山で雲母を採掘した。自宅に設置した高炉でスチールを作るのに失敗すると、電子レンジで鉄鉱石を溶かすという荒業に打って出た。筐体《きょうたい》の材料にするプラスチックは、廃品を燃やすことで得た。結局、トースターの完成までに９カ月がかかった。

当時の英国の平均的な賃金で計算すれば、このトースターの製造には１万９０００ポンドの労働費がかかったことになる。それに材料費がおよそ１０００ポンド加わった。[10] トウェイツの地元の店では４ポンドでトースターが売られていたので、この２万ポンドのトースターはそれと比べたら５０００倍も高くついた。ちなみに、その４ポンドのトースターは問題なくパンを焼くことができた。一方、自作のトースターは、電源を入れて５秒で溶け始めてしまった。

社会を大きく変化させるもの

経済学にはそのほかに、世の中の大きな変化が社会規範や文化の変化によって引き起こされることはあまりないという原理もある。劇的な変化は、新しいテクノロジーの登場や政策の変更によってもたらされることのほうがはるかに多い。

第二次世界大戦後、なぜあれほど国際貿易が活発になったかを理解したければ、1956年の輸送コンテナの発明と、度重なる国際貿易交渉の末に実現した関税の引き下げについて知る必要がある。

現在のバスケットボールの試合が半世紀前と比べ、なぜエキサイティングになったのかを知りたければ、ショット・クロックや3ポイント・シュートの役割を考えてみればいい。本書では、戦争や宗教運動や社会の変化にどのような経済の力が働いていたのかも明らかにする。

本書の経済学の物語は、農業革命から始まる。人類は農業革命を経ることで、狩猟採集の生活を離れ、やがて古代エジプト、ギリシャ、ローマの文明を生み出すことになる。地域間の交易を可能にしたのは、水上輸送だった。中国では大運河が各地方を結んだ。帆船の時代が始まると、ヨーロッパとアフリカとアメリカ大陸がつながった。これにより農作物と工業製品と奴隷が3つの大陸間を運ばれる三角貿易が盛んになり、莫大《ばくだい》な利益がもたらされた。

農業革命に匹敵する次の大きな革命となったのは、産業革命だ。産業革命は生産力を飛躍的に向上させ、経済成長を加速させた。このとき、新技術の登場とともに知識にも新しい地平が切り拓《ひら》かれ、経済学という新しい学問分野が形成された。

20世紀に入ると、組み立てラインという画期的な生産方式の導入により、自動車の生産コストが劇的に下がった。一方で、グローバル化の伸展により世界がかつてなかったほどつながり合うようにもなった。2度の世界大戦と大恐慌はそのつながりを断ち切って、命と生活と貿易を破壊した。

先進国の多くの人にとって、戦後は繁栄を謳歌《おうか》する時代となったが、それ以外の国々では成長はまだらだった。中国では、共産党政権の樹立からしばらくは、気まぐれな政策のせいで経済成長が妨げられていた。経済が成長し始めるのは、1978年に改革開放路線に舵を切ってからだ。

インドは1990年に大きな転機を迎えた。アジアの多くの国々で経済成長が加速し始めると、アジアの国々の生活水準と、成長の遅いアフリカの国々の生活水準との差は開く一方となった。21世紀を迎える頃には、多くの国の国内でも格差の拡大が深刻化していた。

経済学が取り組んでいること

現在、経済学で主な研究対象になっているのは、「市場の失敗」の問題だ。競争政策の大半は独占を抑制することを目的にしている。ジョン・メイナード・ケインズが創始したマクロ経済学の中心的な関心事は、いかに失業を減らすかにある。気候政策では、地球に破滅をもたらす汚染が企業には利益をもたらす「市場の失敗」への対策が講じられている。

一方、行動経済学でも、人間はつねに冷静な計算にもとづいて行動する幸福最大化マシンではなく、しばしばみずから不合理なことをする存在だと見なされる。経済学は進歩し続けており、近年は理論とデータの蓄積によって、より正確な人間の行動モデルを築くことが可能になってきた。それが経済学をいっそうおもしろく、役に立つものにもしている。

とはいえ、ホモ・エコノミクス（経済人）の話に入る前に、まずは経済活動が種としてのわたしたち、すなわちホモ・サピエンスをどのように形成したかから見ていこう。

第1章

出アフリカと農業の始まり

古代社会の厳しい暮らし

現生人類が地球上に初めて姿を現したのは、今からおよそ30万年前、アフリカ南部においてだった。[1] 古代のわたしたちの祖先は言葉や芸術や踊りの習慣を持ち、家族で子どもを育て、物語を作った。6万5000年前頃になると、猟に使う槍と弓、縫い物に使う針、移動に使う船を発明した。[2]

ホモ・サピエンスはそれまでの霊長類と違って、言語を操ることができ、抽象的なことも考えられたおかげで、集団で学習でき、個々人の能力をはるかに超えた知識ベースを築くことができた。[3] ただし、その生活はまだおおむね移動を繰り返すものだった。行く先々で鳥獣を狩り、自生する植物を食べ、そこに食べるものがなくなればまた別の場所へ移動するという生活だ。

働けない者の扱い方は社会によってさまざまだった。老人の世話をしていた証拠が残っている社会もある。そのような社会では、老人のために杖を作ってあげたり、歯のない者のために食べ物をかみ砕いてあげたりしていた。狩猟採集社会では、年老いた者や体が不自由な者は殺されたり、置き去りにされたりすることが多かった（特に移動距離が長い場合に、その傾向が強かった）。さもないと全滅の危険があったからだ。

では、当時の人々の暮らしはどのようなものだったのだろうか。「原始的な状態の人間ほど穏やかな人間はいない」と、スイスの哲学者、ジャン＝ジャック・ルソーは考えた。一方、英国の哲学者トーマス・ホッブズの考えはそれとはまったく違った。初期の人類の生活は「孤独で、貧しくて、みじめで、残酷で、短い」ものだったと、ホッブズは主張した。

法医学考古学（ときに「旧石器時代の科学捜査班」などとも呼ばれる）のおかげで、近年は当時の人々の暮らしぶりがだいぶ明らかになってきた。寿命は33歳前後だったようだ。[4] 暴力とつねに隣り合わせで、部族内のライバルや近隣の集団から頻繁に襲われた。移動生活を営む社会では暴力で命を落とす人が多く、その割合は最大で15％にのぼった。[5] 農耕時代以前、ほとんどの人は冬のあいだじゅう寒さに震えて過ごし、夜は空きっ腹を抱えて眠った。正しいのはルソーではなく、ホッブズだったということだ。

インダス文明が忘れ去られた理由

定住農耕生活に特定の発祥の地というものはないが、その「先陣」を切ったひとつはインドの北西部だった。パキスタンとの国境から車で3時間ほど走った場所にあるカーリバンガンは、かつてはふたつの川の合流点に位置していた。現在は世界最古の畑の跡が残っており、世界でも指折りの古代遺跡の町として知られる。畝が南北と東西の2方向に延びていることから、この畑では2種類の作物（おそらく穀物とカラシナ）が同時に栽培されていたと考えられる。[6]

カーリバンガンは前3300年から前1300年にかけて繁栄したインダス文明の中心都市だった。農耕を始めたことで定住が可能になり、それまでより快適な家を建てられるようになった。中には水洗トイレがついた家まであった。建設を手がけた者たちは、レンガの理想的な寸法比が1対2対4であることも発見した（これは今日でも使われている寸法比だ）[7]。考古学者たちの調査では、笛や独楽など、子どもの遊具が出土している。移動生活

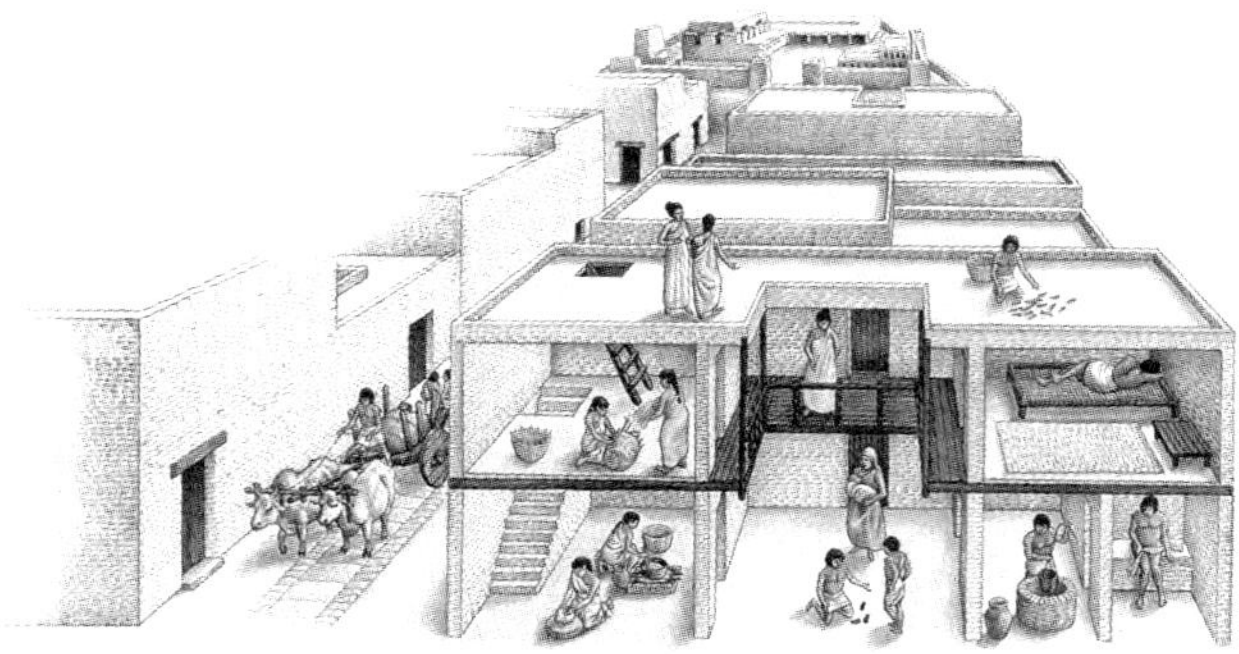

インダス文明ではほかの古代文明と違い、富の格差を物語る巨大モニュメントの類いは建造されなかった。

とは違って、定住農耕生活では、道具や遊具を作ったり使ったりできる環境が生まれた。

農業革命はインダス文明の交易を盛んにもした。商品を別の土地まで運ぶため、インダス文明では荷車が発明された。人類史上、移動に車輪が使われたのはおそらくこれが最初だった。各都市は、現代の多くの都市と同じように、碁盤目状に整備されていた。船と運河も造られた。商人たちはほかの地域へ行って、宝飾品や、陶器や、金属器を売り、翡翠《ひすい》（中国）や、杉材（ヒマラヤ）や、瑠璃（アフガニスタン）といった原材料を持ち帰った。

最盛期にはインダス文明の人口は約500万人にも達した。[8] しかし1920年代まで、その存在は考古学者たちに知られていなかった。その大きな理由は、社会が比較的平等だったことにある。

古代エジプトではピラミッドが、古代ギリシャではアクロポリスが、古代ローマではパンテオンが建設された。巨大建造物は、たいていはその社会にはなはだしい富と権力の格差があったことを物語るものだ。それを「記念碑的問題」と呼ぶ学者もいる。[9] 一方、インダス文明では、そういう類いのものがほとんど建造されなかった。そのことは当時の人々にとってはありがたかっただろうが、その結果、一帯の川の消失で文明が滅びてから2000年以上にわたり、インダス文明の諸都市は忘れ去られることになった。

人々は「消費の平準化」を求めた

農耕が世界経済の転換点になったのは、それにより社会が余剰生産物を蓄積できるようになったからだ。食べ物を蓄えておければ、人々は一年じゅう食べ物に困らない。また食料の蓄えは飢饉《ききん》に備える保険にもなった。収入の変動よりも消費の変動を小さく抑えようとすることを経済学では「消費の平準化」と呼ぶ。現代の経済では多くの人が借金をして家を買い、老後のために貯蓄をし、健康保険に加入しているが、それらの行為も消費の平準化で説明がつく。

先史時代の人々の生活には今では考えられないぐらいの不確実さがつきまとっていたから、おおぜいの人が極度のストレスにさいなまれていたはずだ。今日の先進国でも、ワーキングプアと呼ばれる人たちは、月ごとに大きく増減する不安定な収入に苦しみ、強い不安を抱えながら、将来の見通しが立たない生活を送っている。

狩猟採集民が満ち足りた暮らしを営めるぐらい、食べ物が豊富な場所もあった。カラハリ砂漠の西端にクン族という民族が住む地域があり、そこにはモンゴンゴという木がたくさん生えている。モンゴンゴから採れるナッツはタンパク質と脂肪分に富み、しかも長期保存が利く。クン族は昔からこのナッツを1日に３００個前後食べて、1日の摂取エネルギーの3分の1を得てきた。クン族のひとりは訪問者に次のように語ったという。「こんなにたくさんモンゴンゴのナッツがあるのだから、わざわざ植物を栽培する必要などないじゃないか」。とはいえ、クン族は例外だ。世界の大半の地域では、農耕は、摂取できるカロリーが増えることを意味し、明日の食べ物の心配が減ることを意味した。

レバントと呼ばれる地中海東部の沿岸地方は、農耕に打ってつけの土地だった。前回の氷河期が終わってから、レバントは何度となく長い乾期を経験していた。それが社会に農耕を試してみようという気を起こさせた。

前1万年から前８０００年にかけて、農耕民たちはより大きくて味のいい実がなるものの種を選んで育てることで、作物を改良していった。「肥沃な三日月地帯」と呼ばれる一帯の一部をなすレバントには、幸い、栽培化できる野生の植物が数種あった。この「創始作物（ファウンダー・クロップ）」と呼ばれる8種（フタツブコムギ、ヒトツブコムギ、オオムギ、エンドウ、ヒラマメ、ビターベッチ、ヒヨコマメ、アマ）は、農業の発展に必要不可欠なものだった。[11] 初期の農耕民は作物の収穫や処理に役立つ鎌や臼も石で作った。こうして社会は移動生活から、農耕を中心とする定住生活へと移っていった。

犂の発明と権力の力学の変化

農耕を発展させた最も重要な発明品は、犂《すき》（牛馬に引かせて土を掘り起こす道具）だ。土を掘り起こせば、種をまきやすくなり、養分に富んだ新しい土を混ぜられ、雑草を埋められる。初期の農耕民は棒や鍬《くわ》を使ってその作業をしていた。それはわたしたちが家庭菜園で土を耕すときのやり方とさして変わらなかった。しかし犂が登場すると、動物の力を利用して畑を耕せるようになった。

初期のエジプトの犂は、アードと呼ばれ、地面に一本の棒を突き立てて引っ張っていくタイプだった。秦から漢王朝にかけての時代（前221～後220年）の中国では、土を掘り返して、畝を作り出せるタイプの犂が考案された。[12] 定住農耕は食べ物を探して回るよりも5、6倍、生産性を高められた。[13] 犂は、ほぼ全員が「食料の探し屋」を生業にするそれまでの社会に終焉《しゅうえん》をもたらすことになった。歴史家の中には、現代世界全体が犂の賜《たまもの》だと主張する者もいる。[14]

犂は権力の力学も変えた。掘り棒を使う農業では、おおむね男女が平等だったが、犂を使う農業では、犂を引っ張ったり、犂を引く動物を操ったりするのに腕力が必要だった。その結果、耕作がそれまでよりも男中心の仕事になった。この技術の影響は代々受け継がれていった。[15]

犂の利用が普及しなかった地域（ルワンダやマダガスカルなど）は、普及した地域（モーリタニアやエチオピアなど）と比べ、ジェンダー規範（男性と女性のそれぞれのあるべき姿についての考え方）が平等だ。最近先進国に移り住んだ人々を見ても、犂の伝統がある地域の出身者には、女性は外で働くべきではないという考え方の人が多い。

なぜユーラシアだったのか？

世界にはほかの地域よりも農耕によく適している地域があった。ユーラシアは栽培化しやすい植物や家畜化しやすい動物に恵まれている地域だった。前に述べたように、ユーラシアには何カ月も保存できるさまざまな種類の大麦や小麦や豆が自生していた。別の地域では、バナナやヤム芋が自生していたが、それらは数日で傷んでしまい、保存が利かなかった。

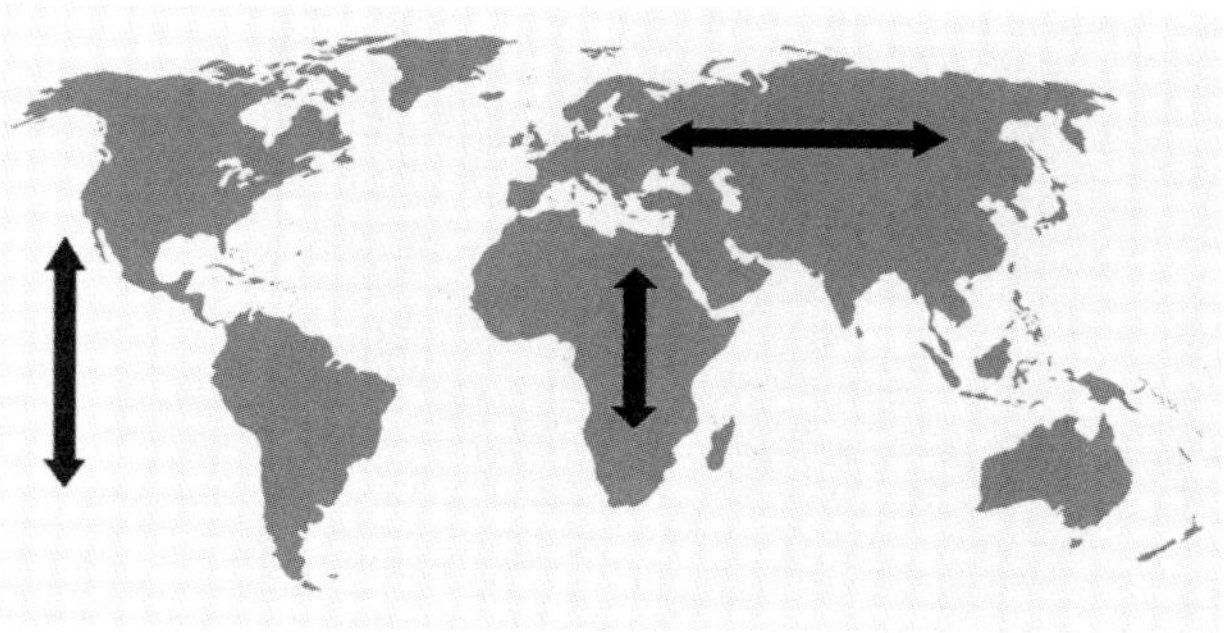

北や南の気候の異なる土地に移り住むより、東や西の同じ気候の土地に移り住むほうが容易だった。

動物についても同様だ。ユーラシアには山羊や、羊や、牛といった動物がいた。それらは食肉や、乳汁や、皮革に利用できる動物だった。一方、アフリカにいるシマウマやオーストラリアにいるカンガルーは、手なずけるのがむずかしかった。

各大陸の形も影響した。ユーラシアは東西に長く、アフリカとアメリカは南北に長い。これはユーラシアでは同じ気候帯の中で、新しい土地を探し、進出できることを意味した。東西方向に進出するユーラシアの探検者たちは、新しい土地でも環境があまり変わらないので、新しい生きるすべを身につける必要がなかった。また、新しい農業技術を発明すれば、それを気候が似ている広い範囲で使うことができた。

しかしアフリカやアメリカの南北方向の冒険者たちはそうはいかず、もっと過酷な旅を強いられた。

地理学者ジャレド・ダイアモンドが指摘しているように、なぜユーラシアがアフリカやアメリカやオセアニアを植民地にし、その逆ではなかったのかは、この最初の地理的な偶然で説明がつく。富が増せば、結局はそれだけ軍事力が強化されるので、農業革命のより大きな成功が帝国建設の礎を築くことになった。

農業革命の光と影

理屈では、農業革命はすべての人の暮らしをより豊かにできるはずだった。農耕は狩猟や採集よりも効率がいいので、社会の全員の労働を必要としなかった。これにより人類史上初めて、人々が職人や大工として専門性を高めることが可能になった。人々が新しい道具を発明し、それを活気にあふれた市場で売買するのが都市だとしたら、そういう都市を誕生させたのは農耕にほかならなかった。インダス文明はおそらく、定住農耕によってもたらされる繁栄が社会全体で共有される最も理想的な例だった。

しかし残念なことに、農業革命は悪辣な支配者の台頭も可能にした。狩猟採集民は移動生活を送っていたので、誰も財産と呼べるようなものは持っていなかった。一方、農耕生活では余剰生産物が生まれた。その結果、リーダーが人々から財産を吸い上げて、自分や家族の富を増やすことが可能になった。その財力は、圧政を支えるための軍隊を養うのにも使われた。多くの社会で、支配者は暴力的な手段で権力の座に就き、恐怖によって人々を抑えつけた。

農業革命で誕生した社会は、たいてい不安定だった。500年に及ぶローマ帝国の歴史において、皇帝は77人いた。そのうちの半数は殺害された。戦死した者や自死した者も多かった。[16] 安らかに死ねたのは、わずかに3分の1だけだった。18カ月という短いあいだに4人の皇帝が次々と非業の死を遂げたこともあった（ネロが自殺し、ガルバが殺され、オトが自殺し、ウィテリウスが殺された）。

戦争では、徹底的に相手を叩き潰すいわゆる「ローマ戦争」がときに繰り広げられ、農作物が破壊されたり、女性が強姦されたり、捕虜が奴隷にされたり、処刑されたりした。ローマの残忍な領土拡大の犠牲になった人々は、もしどちらがいいかと問われたら、農業革命の恩恵よりも、狩猟採集生活に留まるほうを選んでいたことだろう。

定住農耕の予期せぬ弊害はほかにもあった。それは食事の多様性が減ったということだ。狩猟採集民はさまざまな種類の果実やナッツや動物の肉を食べていたが、農耕社会では2、3種類のでんぷん質の植物からカロリーの大半を摂取するのがふつうになった。出土した当時の人骨を調べた研究によると、農業革命後、人々の平均身長が約10センチ低くなったと推定されるという。[17] 自然状態に置かれた人間の寿命は短いと述べたホッブズは正しかったが、人々の身長が低くなるというのが農業革命による最初の影響だった。

当初、農業革命は栄養不良率を高め、伝染病の蔓延する混み合った都市に人々を住まわせ、不平等を悪化させた。ただ一方で、イノベーターも生んだ。やがてはそのイノベーターたちの手で、石器時代の祖先よりも長く、楽しく生きられるようにするための土台が築かれた[18]。身勝手な独裁者が現れるのを可能にしたのは農業だったが、自分たちや自分たちの周りの世界をよりよくしようと考えられる環境を作ったのも、やはり農業だった。

古代の発明家が生産性に無関心な理由

農耕社会になると、知的エリートがアイデアを練ったり、モデルを築いたり、世界との新しい関わり方を考えたりする時間ができた。古代メソポタミアでは、数学や地図や文書や帆船が飛躍的に進歩した。古代エジプトでは、美術や、文書や、建築に新境地が開かれた。マヤ文明では、天文学や記録管理が長足の進歩を遂げた。

古代ギリシャ人は科学、技術、文学、民主主義を発展させた。ローマでは、初期の社会保障制度すらあった。98年から272年にかけ、孤児や貧しい家庭の子どもに食べ物を与えたり、教育の支援をしたりする「アリメンタ」という制度が実施されていたのだ。ただし、この制度で救済されたのは、助けを必要とする人たちのごく一部だけだった。制度自体もアウレリアヌス帝の治世下で廃止された。

発明のエネルギーを何に注ぐかは社会によってさまざまだ。前2600年頃のギザの大ピラミッドの建設には、三角法とピタゴラスの定理の知識が活かされた。以後3800年にわたって、このピラミッドは世界で最も高い建物であり続けた。しかしエジプト人は荷車を発明しなかった。代わりに頼ったのは人海戦術で、おびただしい数の労働者を使って、採石場から橇《そり》で石を運ばせた。古代ローマの統治者は水道橋と美しいドームを建設させた。しかしローマで水車や風車が普及することはなかった。ヨーロッパ全土に水車小屋が広まったのは、ローマ帝国が滅びたあとだった。[19]

なぜこれらの時代の優れた頭脳の持ち主たちは、労力を省く装置にあまり関心を向けなかったのだろうか。この問いには経済学で答えることができる。人件費が安ければ、労働の効率性の向上に投資するインセンティブは強まらないからだ。現代の例で見るなら、ヨーロッパの飲食店は、米国の飲食店よりも数十年早く、電子注文システムへの投資を始めた。理由は単純だ。ヨーロッパでは接客係を雇うのに高い費用がかかったので、それだけ生産性を高めようとするインセンティブが強かったということだ。

宗教の世界では、競争が信者を増やしている。

宗教の経済学

古典古代と呼ばれる時代に、アブラハムを祖とする3つの一神教（ユダヤ教、キリスト教、イスラム教）が勃興した。これらの3つの宗教が台頭した理由のひとつは、「競争はイノベーションを促進することによって消費者に恩恵をもたらす」という経済学の重要な洞察とも合致する。つまり、3つの一神教が宗教間対立のはげしい時代に発展を遂げたのは、偶然ではないのだ。

現代の宗教事情にも同じ力が働いている。教会へ通う人の割合は、宗派どうしが盛んに競い合っている北米で高く、教会が国から独占権を与えられている北欧で低い。米国の第3代大統領トーマス・ジェファーソンは多様性と信仰の強さの関係について、かつて次のように辛辣な指摘をした。こと宗教に関しては、モットーにすべきは「団結すれば立ち、分裂すれば倒れる」ではなく、「分裂すれば立ち、団結すれば倒れる」である、と。[20]

経済学者の考えによれば、多くの宗教で定められているきびしい戒律（食事や服装や社会的混合の規定など）にも、経済的な目的がある。そのような戒律がないと、部外者がたやすく集団の中に紛れ込んで、ただで恩恵を受けられてしまうだろう。

現在、世界の6人中5人はなんらかの宗教を信じている。[21] 人生の経験を積むにつれて、信仰心がしだいに薄れる人は多いが、信仰を持った親ほど子だくさんであることを考えるなら、世界は今後数十年にわたって、さらに信仰を持った人が増え続けると予想される。神学的に穏健な宗教には、離脱する人が多いという傾向が見られる一方、神学的に保守的な宗教には、出生率が高いという傾向が見られる。したがって急速に信者を増やしている宗教ほど、教義がきびしいという傾向がある。

同様に、古代のエジプトやローマのイノベーターたちが技術的課題に取り組んだのは、労働の大部分が奴隷によって担われている社会においてだった。世の中に奴隷が余るほどいる状況では、奴隷階級の生産性を高めようという考えは支配階級の頭に浮かばなかった。古代世界の奴隷制は倫理的に間違っていただけではなく、生産性向上のインセンティブを失わせるものでもあった。

似た問題は古代中国でも起こった。やはり労働者が無尽蔵にいたことから、新しい技術の活用を促すインセンティブが働かなかった。当時の中国は、絹地の生産でも、銅や鋼鉄の技術でも、文字を書くための紙の利用でも、ヨーロッパのはるかに先を行っていた。方位磁針も前4世紀から前2世紀頃に中国で発明されたものだ。

しかしそれらの発明が経済を当然予想される方向へと変えることはなかった。古代中国では、貴族が支配層を占め、商人や商売は一般に卑しいものと見なされていた。その結果、金属加工のイノベーションは、実用品ではなく、武器や美術品を中心とするものになった。[22] 方位磁針の発明が中国を海洋大国に押し上げることはなかった。発明だけでは経済的な繁栄は実現しない。発明を生活の変化に結びつける適切な制度がそこには必要だ。

貨幣の機能と形態

多くの古代社会で生まれた発明品のひとつに、貨幣がある。貨幣は次の3つの機能を持つ。(1)さまざまな品物の価値をいい表す「尺度」としての機能。貨幣があれば、牛2頭には斧1本の価値があるとはいわず、どちらも銀貨1枚の価値があるといえる。(2)富を腐ったり、死んだりしない形で蓄えておける、価値の「保存」手段としての機能。(3)「交換」の手段としての機能。貨幣を使えば、牛2頭を買いたいが、それと交換する斧を持っていないという人どうしのあいだでも、容易に商取引ができる。

貨幣はさまざまな形態で誕生した。古代ギリシャでは、前700年から前600年頃、のちにドラクマ（「ひとつかみの」の意）と呼ばれるようになる硬貨が発行された。[23]古代オリンピックの勝者には、オリーブの葉で編まれた冠のほかに、最高1000ドラクマの賞金が贈られたという。[24]ローマで貨幣が発行されるようになったのはそれより遅いが、前269年、ユーノー・モネータ神殿の近くで銀貨の鋳造が始まると、その銀貨には「モネータ」の文字が刻まれ、それが今の「マネー」の語源になった。

硬貨は小袋に入れて持ち歩くことができ、日々の買い物の支払いにとても便利だった。拡大を続けるローマ帝国の領土には、ローマの硬貨があまねく行き渡った。人々は硬貨に刻まれた皇帝の肖像を見て初めて、新しい皇帝の即位を知るということもあった。

とはいえ、貨幣の形態は硬貨だけではない。ミクロネシアのヤップ島では、加工した石が貨幣（石貨）として使われた。この石貨の大きさはいろいろで、最大のものは直径が3・6メートルもあった。所有者が代わっても、石貨を移動することはなかった。石貨はいつも同じ場所に置いておき、代わりに、所有者の変更が島の全員に伝えられた。

したがって、この大きな石の貨幣は商取引には不便だったが、必ずしも特殊な方法というわけではない。現代でも、中央銀行の金庫室に金が保管されていることがある。その金は売却されても、たいていは電子台帳に変更が加えられるだけで、金塊が運び出されたり

石灰岩で作られたヤップ島の石貨。

はしない。ヤップ島の人たちはこれを聞いたら、きっと自分たちのやり方と同じだと思うだろう。

石貨であれ、硬貨であれ、この時代の貨幣に共通するのは、貨幣そのものに価値があることだった。商人が約束手形を発行する例もあったが、貨幣には貴重な素材が使われていた。それが変わったのは、西暦1000年頃、中国で世界初の紙の貨幣が発行されたときだ。その貨幣はそれ自体に価値はないが、価値を保証されている紙片だった。

交易の増大と「比較優位」

経済的な発展のもうひとつの側面は、地域間の交易の増大だ。インダス文明の事例で見たように、社会内の分業化は新しい商品（服や道具など）の生産につながった。これが次に社会間の分業化につながり、それが交易の土台になった。相対的に優れたモノやサービスを提供できれば、その社会は交易から利益を上げることができる。

読者の中には、なぜここで単に「優れた」といわず、「相対的に優れた」というのか、気になったかたもいるだろう。このことを説明するため、ここでまた分業化の話に戻ろう。例えば、村でいちばん腕のいい陶工が、パン職人としても村でいちばん腕がよかったとしよう。この人物が村で2番めに腕のいい陶工よりは10倍優秀だが、村で2番めに腕のいいパン職人よりは2倍しか優秀ではない場合を想像してほしい。そのような場合、村全体の生産量が最も増えるのは、この人物がもっぱら陶器を作ることに専念して、パンはほかのパン職人から買うときなのだ。

この陶工についていえることは、国や都市や地域にも当てはまる。古代中国では絹と金のどちらも古代ローマより安く生産できたが、例えば、絹の生産効率の高さはローマの10倍、金の生産効率の高さはわずか2倍だったとしよう。その場合、中国の立場では、絹を輸出して、金を輸入するのが理にかなっている。

シルクロード交易は相対的な優位さ（「比較優位」という）を活かしたものであり、絶対的な優位さにもとづくものではなかった。たとえある国がすべてのものを隣国より効率よく生産できたとしても、すべてを国内で生産するより、交易をしたほうが利益は大きくなる。

ただし、砂利のように重くて価値の低いものに関しては、現代の社会でも、輸入しないほうがいい理由がある。ものの価値に比べて、輸送コストが高ければ、交易はかえって不経済になる。車輪の発明後も、道は悪路ばかりだったので、たいていは馬や駱駝《らくだ》の背に載せて運ぶほうが荷車で運ぶよりも容易だった。その結果、陸路の交易で商われるのは、ワインやオリーブ油、宝石、貴金属、香辛料といったものに限られていた。西暦300年頃、荷馬車1台分の小麦の値段は、輸送距離500キロで2倍になった。[25]

第2章

大運河、印刷機、疫病

水路がもたらした中国の繁栄

地球の表面の3分の2以上が水で覆われていることを考えるなら、地球は「地球」ではなく、むしろ「水球」と呼ぶべきだろう。人類は1000年以上前から水路を利用し、帆や櫂《かい》を動力にする船を移動や輸送の手段に使ってきた。水上輸送は陸上輸送よりも安かったことから、交易にとっては川や海のほうが道路よりも重要だった。

中国では隋王朝時代（581〜618年）に、世界一長い人工の水路、「大運河」が建設された。全長は1800キロあり、黄河と長江を結んでもいた。長安の朝廷が人民に税として納めさせていた穀物を徴収しやすくなるというのが、当初、大運河の建設が推し進められた理由だった。[1]

しかしその後、大運河は地域間の交易を盛んにして、経済的関与とコスモポリタン的な開放性を促進し、唐王朝（618～907年）時代の中国に繁栄をもたらすことにもなった。19世紀にこの大運河が閉鎖されると（理由は暴風雨と海上輸送の発達）、周辺地域で経済危機と社会的な混乱が起こった。このことからも大運河の役割がいかに大きかったかが知れる。[2]

現在では万里の長城ほど有名ではないが、経済的にはそれよりもはるかに重要だった。大運河の建設は、経済を発展させ、移動を活発にし、政治的安定を強化した。1000年時点で、中国の生活水準は英国より高かった。当時の中国のひとり当たりの1日の平均収入は、現在のお金に換算すれば、3・36ドルで、英国の3・15ドルを上回っていた。[3]

海上交易によって発展した都市

水路が重要であるということは、世界じゅうで沿岸部の都市が最も繁栄することを意味した。とりわけ嵐から船を守れる水深の深い港があれば、理想的だった。リスボンも、アレクサンドリアも、アテネも、海上輸送の黄金時代に隆盛を極めた都市だ。沿岸都市はやがて金融の中心地に成長した。ジェノバでは、両替商が商人から現金を預かって、預金口座間のお金の移動で負債を清算したり、新たな航海の計画に融資を行ったりした。[4]

ベネチアでは、「コレガンツァ」と呼ばれる新しいリスク共有の手法が広まり、資金力の乏しい商人でも、投資家と利益を分け合うことに合意することで、航海に出資できるようになった。[5] これにより商人が勢力を伸ばす道が開かれ、14世紀初頭、ベネチアは世界の銀行業の中心都市へと発展した。

ところがその後、経済的階層の頂点に君臨していた旧家がその座を譲るまいとして、コレガンツァから庶民を締め出すと、実力よりも覚えのめでたさがものをいうようになった。その結果、ベネチアは国際商業におけるリーダーの地位を失い、軍事的にも敗北を重ねた。革新の気風と平等主義は内向きの縁故主義に取って代わられ、それとともにベネチアの人々の生活は貧しくなった。

「社会的流動性」とは何か？

古代中国の封建制度やインドの伝統的なカースト制度、あるいはヨーロッパ中世の封建制度のもとでは、人々の社会的な地位は生まれながらに決まっていた。親の社会的身分が子に受け継がれたので、社会的流動性は限られたものだった。

現代の資本主義社会に暮らすわたしたちの大半は、そのような固定化された階級社会におぞましさを覚える。今の社会では、政治信条に関係なく、社会的流動性、つまり誰でも「出世」できる状態が尊ばれている。とはいっても現実には、親と子のあいだに社会的地位の相関がどれぐらいあるかは、国によってかなり違う。流動性が世界で最も高いのは北欧諸国であり、逆に最も低いのは南米の国々だ。

その原因は、経済的な不平等（貧富の格差）と流動性とが密接に結びついていることによる。これははしごの喩《たと》えで考えるとわかりやすい。はしごの段と段の差が経済的な不平等を、はしごの上り下りのしやすさが社会的流動性を表す。段と段の差が大きければ、はしごの上り下りはしにくくなる。このような貧富の格差と流動性の相関関係を経済学では「グレート・ギャツビー曲線」と呼ぶ。[6] 南米では、北欧より経済的な不平等が大きいので、そのぶん流動性も低い。

ここまでは、1世代間（つまり親と子）の社会的流動性の話だったが、別の手法を使えば、多世代間の流動性を見わたして、支配層が固定化していないかどうかも調べられる。社会的流動性の長期的な傾向を明らかにするため、経済学者グレゴリー・クラークはめずらしい姓に着目して、社会的な身分が固定化していないかどうかを調べている。[7]

ピープスという姓を例に取ろう。17世紀に英海軍の書記官を務め、詳細な日記を残したことで知られるサミュエル・ピープス（1633〜1703年）の姓だ。過去5世紀にわたり、ピープスという姓は一般母集団より20倍以上高い割合で、オックスフォード大学とケンブリッジ大学に入学してきた。資産価値の閲覧可能なデータを見ても、ピープス姓は英国人の平均より5倍以上多くの財産を子孫に残している。ひとつの姓がこのようにエリート層に存続しているのは、社会的流動性が極端に低い証拠だと考えられる。

めずらしい姓がエリート層に存続している例は、ほかの国でも見られる。米国の税務当局が1920年代初頭に高額所得者の氏名を発表した。それから100年後、それらと同じ姓を持つ者は、医師や弁護士になる割合が平均で3〜4倍高い。中でもカッツという格式の高い姓を持つ米国居住者は、６倍も高い割合で医師や弁護士になっている。

日本では、武士の姓は１８６８年の明治維新以前まで遡る。現在、それらの姓を持つ者は一般よりも4倍以上高い割合で、医師、弁護士、学術書の著述家になっている。中国では、19世紀の清朝のエリート層に多かった姓を持つ者が、やはり一般よりも高い割合で、現在の企業の取締役や政府の役人に名を連ねる。

チリでは、高収入の職業に従事する者には１８５０年代の地主階級に多かった姓を持つ者がいまだに多い。スウェーデンでは、17世紀から18世紀にかけて、「高貴な姓」が定められた。現在、それらの姓を持つ者は、医師になる割合が2倍、弁護士になる割合が5倍ふつうより高い。社会的な身分は、わたしたちの想像以上に固定化している。10世代にもわたって受け継がれることすらある。

ズウィン湾に面したベルギーのブルッヘ〔英名ブルージュ〕も、やはり海上交易で発展した都市だ。ブルッヘがいかに豊かだったかを物語るエピソードがひとつある。１３０１年、ブルッヘを訪れたフランスの王妃が驚きに目を見張って、次のようにいったという。

「王妃は世界にわたしひとりしかいないと思っていたけれど、ここに６００人もライバルがいたのね」[8]。

2世紀後、ズウィン湾が沈泥で埋まると、ブルッへの経済は衰退した。地域の商業の中心地は、もっと船を停泊させやすい港がある80キロ西のアントウェルペン（英名アントワープ）へと移った。「ブルッヘ・ラ・メール（海の町ブルッヘ）」が今や「ブルッヘ・ラ・モルト（死の町ブルッヘ）」になったなどとも揶揄《やゆ》された。

「非競合性」と特許法の導入

交易や人の移動には、その土地にそれまでなかった考えや、まねられる商品をもたらすという利点もあった。眼鏡は１２９０年頃イタリアで発明され、その後、瞬く間にヨーロッパ全土に広まった。14世紀に商人たちによって中国に持ち込まれたとうもろこしは（のちには、さつま芋も）、稲作のできない乾燥した地域を支える食料源になり、その地域の人口を急増させた[9]。活版印刷術は１４４０年頃ドイツで発明されると、印刷革命を引き起こした。その後の50年間で印刷された本の数は、それまでの１０００年間に印刷された本の数をも上回った[10]。

経済学では、物理的な品物は「競合するもの」、アイデアは「競合しないもの（非競合）」

として扱われる。わたしがあなたにりんご（品物）を3個あげたら、わたしの手元には3個のりんごは残らない。しかし、わたしがあなたにりんごのジャグリングのやり方（アイデア）を教えたら、わたしたちはふたりでそれを楽しむことができる（ただし、りんごは傷んでしまうかもしれないが）。経済学でイノベーションについて考えるときには、この非競合性という概念が重要になる。

眼鏡と印刷術を例に取ろう。これらの発明はどちらも知的財産法で守られてはいなかった。これは消費者には恩恵をもたらした。そのおかげでほかの者がそれをまねたり、利用したり、改良したりすることができたからだ。しかしそのように自由にまねていいとなると、発明へのインセンティブは弱まってしまう。そこで、1474年にベネチアで制定された特許法を皮切りに、しだいに各国で特許法が導入され、アイデアを共有する見返りに期限つきで発明者に独占権が与えられるようになった。

宗教の経済発展への影響

当時の社会を揺るがしていた宗教改革も、知識の普及を後押しした。マルティン・ルターとその追随者たちはカトリック教会と袂《たもと》を分かつと、信者たちにそれぞれ自分で聖書を読むよう説いた。これにより識字率が向上し、ドイツのプロテスタント地域で経済発展が加速した。実際、ルターの時代から500年後の現代ですら、ドイツではプロテスタントのほうがカトリックより高度な教育を受け、所得が高い傾向にある。[11]

中世（5世紀から15世紀）には、宗教がまた別の形で経済発展に影響していた。ユダヤ人コミュニティーの固い信頼の絆は、貸金業という儲《もう》かる一方で卑しいと見なされていた商売を成功させるのには、これ以上ない強みとなった。

イスラム教は610年に創始されたときから商売と密接に結びついていて（創始者ムハンマド自身が商人だった）、イスラム教徒間の信頼関係は、イスラム社会の商売を活発にするのに役立った。[12]また、宗教戦争を説明するうえでも経済活動は手がかりになる。第1次十字軍（1096〜1099年）は、聖地エルサレムの奪還を目的に掲げていたが、カトリック教会が新しい地域に独占を広げようとした企てと見ることもできる。[13]

停滞した中世ヨーロッパの封建社会

中世のヨーロッパでは多くの人が封建制度のもとで暮らしていた。それは土地が領主によって所有され、小作農によって耕作される制度だった。事実上、小作農が王侯貴族を養い、その見返りに、群盗から身を守ってもらっていた。聖職者によって社会秩序が維持されていて、社会階層を上がるチャンスは皆無に等しかった。

職人たちは石壁に直接、値段を彫り込んでいることがめずらしくなかった。子どもの世代になっても値段は変わらないことがわかっていたからだ。技術の進歩はいくらかはあったが（前に述べた水車の普及など）、生活が楽になることはなかった。

中世末期ですら、食事は粗末で、毎日、味のないシチューとでんぷん質の穀物ばかりを食べていた。肉や魚はたまにしか食べられなかった。印刷された本はなかったし、ほとんどの家庭にはわずかの家具しかなかった。水道はどの家庭にもなかった。逆に病気はありふれていて、かすり傷による感染症が死につながった。新生児の3人にひとりは最初の誕生日まで生きられず、妊婦の3人にひとりは出産で命を落とした。[14]

ペストがもたらした実質賃金の上昇と封建制度の崩壊

最悪の被害をもたらしたのは、黒死病とも呼ばれたペストだ。ペスト菌（エルシニア・ペスティス）の感染で起こるペストは、中央アジアで最初に発生し、1347年、黒海から船で戻ったジェノバの商人によってヨーロッパに持ち込まれた。ペストで死んだ人の数はヨーロッパの全人口のじつに3分の1にのぼった。史上最も悲惨な戦争の戦死者数よりもこれは多かった。エジプトのカイロでは人口の半分が死んだ。1349年には、イスラム教徒のハッジ（巡礼）によってメッカにペストがもたらされた。

「主よ、ロンドンを憐れみ給え（Lord, have mercy on London）」。黒死病の流行を描いた木版画。

人口の過密な都市部では病気が広まりやすかったことから、人々は周囲の農村へ逃れた。そのようすを記録した文献として最も有名なのは、ジョバンニ・ボッカッチョの『デカメロン』だろう。フィレンツェから郊外に避難した10人の若者の話が語られている作品だ。当時、フィレンツェでは人口の4分の3が死んだともいわれている。1300年から1400年までのあいだに、世界の人口は4億3000万人から3億5000万人にまで減った。

ペストは、経済理論の鮮明な実例を提供してもいる[15]。労働力の不足からヨーロッパの実質賃金（労働者が実際に受け取った賃金から物価上昇分を差し引いた賃金）は2倍に上昇した。同時に土地が急に余り始めて、賃料は下がった。これが小作農に有利に、地主には不利に働いて、両者の力関係を変化させた。

封建制度が崩壊したのは、ペストの流行が大きな原因だった。ペストは物価にも影響した。長期にわたり、小麦などの単純な食品は安くなり、高コストの農場では生産されなくなった。生産に多くの労働力を要するものは、逆に値上がりした。賃金の上昇と地代の下落により、農場主は労働集約型の農業から土地集約型の農業である畜産（牛や羊）へと切り替えた。労働者の収入の増加に伴って、労働者たちの肉の消費量も増え始めた。さらにビールの需要も高まった。これは当時の生活水準をよく物語るものだ。

今日の目から見れば、ゆっくりとした成長ではあったが、15世紀には、ヨーロッパは世界で最も豊かな地域になっていた。ヨーロッパのこの発展は幸運に支えられたものだった。ユーラシア大陸にはアフリカやアメリカに比べ、栽培化できる植物や家畜化できる動物が多かった。さらに、東西方向に大陸が広がっていたおかげで、人々が同じ気候帯の中で新しい土地に進出できた。

第3章

帆船の時代

大規模な航海がもたらした「コロンブスの交換」

ヨーロッパの繁栄は海事技術の着実な向上につながった。この時代の船は3本の帆柱を持つ「完全帆装」となり、船体もそれまでより頑丈になった。舵取り用の櫂に代わって本式の舵も備わった。帆の進歩により、風上に向かって進むタッキングもできるようになった。船体の大型化は、長距離の航海を可能にした。羅針盤や、海図や、風の予測の精度が上がったおかげで、最速のルートを選んで進むこともできた。新たに発明された航海用アストロラーベを使えば、船上で経緯度も計測できた。

とはいえ、航海者たちが知らないことはまだまだたくさんあった。クリストファー・コロンブス（クリストバル・コロン）は１４９２年、大西洋を横断して、アメリカ大陸にたどり着いたが、自分ではそこをインドだと思い込んでいた（今もカリブ海の島々が西インド諸島と呼ばれるのは、そのときの勘違いのせいだ）。

大規模な航海はそのあとも続いた。１４９８年、バスコ・ダ・ガマがアフリカ南端を回って、インド航路を開拓し、１５１９年には、フェルディナンド・マゼランが史上初の世界一周の航海に出発した（ただし、マゼラン自身は航海の途中、フィリピンで戦死し、帰国できなかった）。これらの大航海と経済活動とは切り離せないものだった。探検家たちは新しい商品、新しい市場、新しい土地を見つけることで、冒険の費用を調達していた。

新しい国を発見することと輸送の費用を安くすることとは、どちらも貿易の成長に欠かせなかった。16世紀、「コロンブスの交換」と呼ばれる新大陸と旧大陸の交流により、アメリカ大陸からヨーロッパにはとうもろこしや、ジャガ芋や、唐辛子などが、ヨーロッパからアメリカ大陸にはオレンジや、砂糖や、豚などがもたらされた。

ヨーロッパからアメリカ大陸には作物のほかに、天然痘や、はしかや、インフルエンザや、水疱瘡《みずぼうそう》といった病気も持ち込まれた。地域によってはそれらの病気で人口の５分の４以上が死亡するという痛ましいことも起こった。

悲惨極まる奴隷貿易

この貿易にはさらに奴隷売買という忌まわしい側面があった。1501年から1866年までのあいだに、じつに1200万人以上がアフリカから奴隷としてアメリカ大陸へ連れて来られた。[1] この非道な事業の規模の大きさはまさに言語に絶する。[2] 18世紀の100年間で、ヨーロッパ人はアフリカ人のおよそ1割を奴隷としてアメリカ大陸に送った。奴隷たちは船にぎゅうぎゅうに詰め込まれたうえ、ろくに食事を与えてもらえず、しばしば病気にかかった。10人にひとりは大西洋の航海を生き延びられなかった。

奴隷市場では、親子や夫婦が別々に売られることがめずらしくなかった。ある調査によると、ニューオーリンズの奴隷市場（米国最大の奴隷市場）では、5分の4以上の奴隷が家族と引き離されていたと推定されるという。[3]

全奴隷の半数近くはポルトガルの商人によって売られ、その3分の1以上がブラジルへ送られた。そのほかに奴隷貿易の顕著な担い手となったのは、スペイン人、フランス人、オランダ人だ。カリブ海やアメリカ大陸の植民地では、奴隷として連れて来られた人々が労働集約型の作物（最初は砂糖、のちに綿花やタバコ）を育てる農場で強制的に働かされた。ヨーロッパには、奴隷が大きな富の源泉になっている国もあった。18世紀末の英国では、奴隷の所有が国民所得の約５％を占め、産業の発展を支えた。[4]

金と銀の大量流入によるスペイン経済の衰退

同じ時代に、金と銀も主要な貿易品になった。１５００年から１８００年までのあいだに、メキシコやボリビアからスペインに輸出された銀は何万トンにものぼった。しかし、ヨーロッパの強国どうしがはげしく敵対している時代だった。洋上で他国の船に出くわせば、船乗りたちは身の危険にさらされた。

あるとき、探検家から海賊になった英国のフランシス・ドレイクが、36キロの金と26トンの銀を輸送していたスペインの船を襲って、積み荷を奪うという出来事が起こった。ドレイクは英国では英雄と称えられ、スペインでは卑劣漢として罵られた。

とはいえ、スペインはドレイクによる略奪にそんなに腹を立てる必要はなかったのかもしれない。結局、金と銀の大量流入によってスペイン経済は損なわれることになったのだから。[5] 当時の通貨には金銀が使われていたので、金銀を満載した船が到着することは、現代の政府が大量に紙幣を印刷するのと同じだった。モノやサービスは値上がりした。輸入が増える一方、輸出は減った。

最初に影響が現れたのは、金銀を載せた船が到着する地域（アンダルシア地方）だった。

スペインの船やロープ、絹の製造業者は世界の市場で競争力を失い、倒産に追い込まれた。1500年の時点で、スペインは世界で最も裕福な国のひとつだった。それが2世紀後には後進国に転落していた。このスペインの経験が現代でも繰り返されているのが、天然資源の豊富さのせいでかえって国が貧しくなる、資源の呪いと呼ばれる現象だ。低所得国には、天然資源に恵まれている国ほど成長が遅いという傾向が見られる。

メディチ家の繁栄

史上最大の慈善活動家と呼んでも過言ではないのが、イタリアのメディチ家だ。ブルネレスキ、ボッティチェリ、ダビンチ、ミケランジェロ、ラファエロといった天才たちをはじめ、数多くの芸術家を庇護《ひご》し、イタリアルネサンスの開花に大きく貢献した。ガリレオ・ガリレイのパトロンでもあったし、ボーボリ庭園やウフィツィ美術館を築いてもいる。

もとはトスカーナ北部の村に暮らす一族だったが、12世紀、一族の者がフィレンツェに移り住んで、織物業を営み始めた。1397年には、のちにヨーロッパ最大の銀行に発展するメディチ銀行を創設した。考案されたばかりの複式簿記をいち早く取り入れたほか、ギルド（同業組合）の強力な支配のもとで栄えていたフィレンツェの手工業からも利益を上げた。

銀行家であったメディチ家は、経済の安定に心を砕き、フィレンツェのほかの有力家と手を結んだ。力を入れたのは、商取引によって富を増やすことであり、軍事的な征服によって土地を奪うことではなかった。

ロレンツォ・デ・メディチ。あだ名は「イル・マニフィコ（偉大）」。イタリアルネサンスの最も重要なパトロンだった。

15世紀のフィレンツェは、ほぼ1世紀にわたって、メディチ家（コジモ、ピエロ、ロレンツォの3代）の統治下に置かれた。

その後、フィレンツェの統治は2回途切れたが（1494〜1512年と1527〜30年）、メディチ家はイタリア全土に勢力を拡大し続けた。1531年から1605年までに、メディチ家から4人の教皇（レオ10世、クレメンス7世、ピウス4世、レオ11世）と、ふたりのフランスの王妃が輩出された（カトリーヌ・ド・メディシス、マリー・ド・メディシス）。18世紀に入ると権勢は衰えたが、芸術や建築への貢献は不滅であり、現代でも裕福なパトロンたちに刺激を与え続けている。

病気の分布が植民地の分布を左右した

ヨーロッパ人は植民地に死のウイルスをもたらしたが、自分たちも現地の病気にかかりやすかった。場所によって病気の危険度が著しく違ったことから、「大航海時代」には病気の分布が植民地の分布を左右することになった[6]。

17世紀初頭、英国のピルグリム・ファーザーズたちは初め、メイフラワー号で南米のガイアナを目指す予定だったが、現地の致死率の高さを知り、北米の東岸に行き先を切り替えた。西アフリカでは、ヨーロッパ人入植者のおよそ半数が最初の1年のあいだに、マラリアなどの熱帯病で死亡した。道路や施設を建設する計画は断念せざるを得なかった。死ぬ確率が恐ろしいほど高い場所に好んで投資しようという者はいなかった。

植民者の致死率が比較的低い場所、すなわち、のちにカナダや米国、チリ、オーストラリアになる地域では、西欧の強国によって鉄道から大学まで、ありとあらゆるものに資金が投じられた。一方、ナイジェリア、アンゴラ、マダガスカルなど、致死率が高い場所では、現地から富を奪えるだけ奪おうとして、搾取の関係が築かれた。植民者たちは奴隷や金やそのほかの価値のある産物を次々と持ち去った。

搾取的な手法が非道の極みに達したのは、植民時代末期、ベルギー国王レオポルド2世がコンゴの人々から無慈悲に搾取したときだ。殺す、半殺しにする、盗むというのがその手口だった。搾取的な植民地主義に酌量の余地はまったくないが、ヨーロッパ人がなぜ西アフリカではなくアメリカ合衆国にばかり資金を投じたのかや、間大西洋の奴隷貿易がなぜ東から西への一方通行で、その逆にならなかったのかは、マラリアの蔓延で説明できる。

強大な力を誇った東インド会社

植民地化は必ずしも政府の事業ではなかった。1602年に貿易会社数社の合併で誕生し、史上最大の企業と考えられているオランダ東インド会社は、2世紀にわたり、武力を持ち、要塞を築き、現地の支配者と協定を交わし、まるで宗主国のように振る舞った。香辛料、絹、コーヒー豆、砂糖黍《さとうきび》、ワインの貿易を手がけ、何百という数の船を所有し、何万という数の労働者を雇っていた。拠点はインドネシアに置かれ、中国、日本、インド、スリランカ、南アフリカにも営業所があった。

株式を発行していたオランダ東インド会社は、世界で最初の公開会社でもあった。投資家の立場から見ると、オランダ東インド会社にはリスクを分散できるという魅力があった。1隻の船に全額を投資するのではなく、いくつもの船団に別々に少しずつ投資することができたからだ。
海上貿易はうまくいけば大きく儲けられたが、同時に大きな危険とも隣り合わせだった。海賊の襲撃や、嵐や、壊血病で計画がご破算になることもめずらしくなかった。値段が急に変わる心配もあった。現代の投資家が幅広い銘柄のポートフォリオを持とうとするのと同じように、17世紀の投資家たちはこの巨大企業に資金を投じようとした。

オランダ東インド会社が独占企業であることも、投資家たちに好感された。オランダ東インド会社はオランダ政府から自国のためにアジアで独占的に事業を営む権限を与えられていた。しかしその代償を支払ったのは、消費者だった。オランダ東インド会社は市場での地位にものをいわせて、支配海域を通る船に不当に高い通行料を課していた。

同じことは英国東インド会社にもほぼそのまま当てはまった。英国東インド会社も独占によって莫大《ばくだい》な利益を上げ、軍隊を持ち、税を徴収し、刑事裁判を手がけ、現地の人を奴隷にしてアジアからアフリカへ送った。

17世紀後半に勃発した英蘭戦争は、英国とオランダの両東インド会社の衝突がきっかけだった。インドでは、英国東インド会社の力にはほとんど歯止めが利かなかった。軍事力を背景に、各地の統治者と協定を結んだ英国東インド会社は、インド亜大陸（現在インド、パキスタン、バングラデシュがある地域）の3分の2を支配下に収めた。[7]

英国東インド会社は世界の歴史にも多大な影響を及ぼしている。米国で独立戦争が起こったのは、この会社の茶葉がボストン港に捨てられたのが発端だったし、東インド会社が中国にアヘンを輸出していたことが原因で、阿片《あへん》戦争は始まった。紅茶王トーマス・トワイニングと、イェール大学の後援者で校名にその名が残っているエリフ・イェールも、もとは英国東インド会社の社員だった（イェールは汚職で同社を解雇されたが、皮肉にも、不正に築かれたその富がイェール大学の設立を助けることになった）。

保険の誕生と救貧制度の創設

外洋航海のリスクは、巧妙な経済的な解決策を生み出した。古代ギリシャでは、海上輸送の資金を調達するのに、「冒険貸借」と呼ばれるタイプの債券が発行された。これは船がぶじに港に到着すれば、高い利子が支払われるが、船が途中で沈没した場合には、支払いの義務がない債券だった。

1293年、ポルトガルの国王ディニス1世は、ヨーロッパで初めて海上保険基金を創設した。これにより商人が破産のリスクを負わずに海路の貿易を手がけられるようになった[8]。

保険の原点は当時も今も変わらない。保険が最も頼りになるのは、自宅が焼失すると

ウーリッジ港を出る英国東インド会社の船が描かれた絵。

か、高級車に衝突するとか、一家の大黒柱を失うとかいった破滅的なリスクが補償されるときだ。逆に、ひと月の収入で買えるようなものだったら、たいがいはリスクを負うほうを選ぶだろう。家には保険をかけても、携帯電話にはかけない。

歴史を通じて、人類が抱えてきた最大のリスクのひとつは、窮乏に陥ることだった。しかし、そもそも経済的に余裕がなければ、困窮に備えて保険をかけるのはむずかしい。まだ社会保険がなかった中世には、貧者はなんの助けも得られなかった。

英国では、働けない人への支援が始まっても、それは「援助に値する貧者」だけを助けるべきだという道徳観に根ざすものだった。16世紀には、物乞いをすれば、罰された。鞭で打たれたり、投獄されたり、焼き印（浮浪者を意味するvagabondのVの字）を押されたりし、絞首刑に処されることすらあった。したがって働けない人の多くは、飢えるか、刑罰を受けるかのどちらかを選ぶしかなかった。

フランスでは、1561年のムーラン王令で救貧制度が創設され、地域の当局者に貧者を援助することが義務づけられた。ただし当局者には、健常者に対して、援助と引き換えに労役に就くよう求める権限も与えられた。

1601年に制定された英国の救貧法もそれと同じ考え方にもとづくものだった。困窮者には教区を通じてわずかな物資が支給されたが、「援助に値しない貧者」はその「教区のパン」をもらえなかった。社会には飢えに苦しむ人たちに食べ物を与えるだけの余裕はあった。しかし、むやみに助けたら、勤労意欲が低下するのではないかという心配が過度に強かった。

シェイクスピアと魔女裁判の時代

シェイクスピアが作品を書いたのは、おおむね1590年から1610年のあいだだ。『ハムレット』や『ロミオとジュリエット』を観ると、シェイクスピアの時代の人々も、わたしたちと同じように愛や希望や裏切りを巡って悩み、わたしたちと似たような思いを抱いていたことがわかる。

経済的な教訓さえくみ取ることができる。『テンペスト』はグローバルな商活動に伴う危険を教えてくれるし、『ベニスの商人』は契約の履行という問題を深く掘り下げている。『ヘンリー4世　第1部』には、見過ごされがちな希少性の価値について、鋭い洞察が含まれている。

しかし他面では、シェイクスピアの世界は今とはかけ離れてもいた。当時は、奴隷制と迷信の時代だった。16世紀から17世紀にかけて、１００万人近くが魔術を使ったという罪で処刑されている。ドイツのある町で、１日に４００人が処刑されたこともあったほどだ。犠牲になった人の大多数は貧しい女性であり、その多くは寡婦だった。

経済学者エミリー・オスターの興味深い分析によれば、凶作と魔女裁判とのあいだに強い相関関係が見られるという。[9] 世の中の経済が悪化すると、人々はスケープゴートを探した。魔女裁判が最も盛んだった時期は、最も気温が低かった「小氷河期」と呼ばれる時期（１５９０年代と、１６８０～１７３０年）と重なっていた。

チューリップバブル

チューリップがオスマン帝国からヨーロッパにもたらされたのは、16世紀半ばだっ

センペル・アウグストゥスは1620年代のヨーロッパにセンセーションを巻き起こした。

た。その鮮やかな色はヨーロッパのほかのどんな花とも違っていた。育種家たちは異なる品種をかけ合わせることで、さまざまな色のチューリップを作り出していった。球根をモザイクウイルスに感染させると、花びらに縞模様をつけられることもわかった。

17世紀のチューリップ取引の中心地になったのは、当時ヨーロッパ最大の金融市場があったオランダだった。チューリップの売買は、球根の休眠期である6月から9月にかけて行われた。その期間であれば、球根を掘り起こして、植え替えることができたからだ。

チューリップの熱狂的な人気の広まりとともに、モザイクウイルスに感染した球根の値段が急騰した。これには相応の理由があった。人気の高い縞模様のチューリップは感染した球根からしか育てられず、通常の種からは育てられなかったからだ。

1625年、「センペル・アウグストゥス」という品種の球根には、1個2000ギルダー、今の金額にすれば1万6000ドルという値がついた。[10] しかし1637

年、価格の急落が始まった。

チューリップ市場の崩壊は、史上初の金融バブルの事例として語られることが多い。ただし、よくできた話が必ずそうであるように、これには誇張も混ざっている。経済学者が指摘するとおり、実際には、極端な高値で売られていたのは最も希少な球根（モザイクウィルスに感染した球根）に限られていた。また値段も、3分の2から5分の4ほど下がったとはいえ、それには5年かかっており、いわれているほど劇的な下落ではなかった。

チューリップバブルはイノベーションの起爆剤になった。18世紀初頭までに、オランダの育種家が次々と新品種を開発し、ヨーロッパで最も人気を博する花はチューリップからヒヤシンスへと移り変わった。ほかの金融バブルと違い、チューリップバブルは国内経済を損ねはしなかった。オランダ経済はその後も繁栄を続けた。

第4章

産業革命と国民の富

世界を一変させた産業革命

長い人類史において、生活水準が向上するというのは比較的最近の現象だ。前に述べたとおり、農業革命で人口は増えるようになったが、大半の人の物質的な豊かさにはほとんど変化がなかった。例えば、日本では、西暦1000年に1日2・80ドルだった平均実質所得は、1700年になっても1日2・90ドルだった。[1] これは特殊な例ではない。この時代には、子どもが親よりいい暮らしができるようになることのほうがめずらしかった。

それどころか、ある経済史家は、18世紀には、世界のほとんどの人がアフリカの草原で暮らしていた祖先と大差のない生活をしていたと論じている。[2] 18世紀の人類は先史時代の人類と比べ、背も高くなければ、寿命も長くなく、消費カロリーも多くなかった。ジェイン・オースティンの小説に登場するティータイムを楽しむ人々は、例外中の例外であり、当時は貧しい暮らしがふつうだった。経済成長は人口の増大にはつながっても、生活水準の向上をもたらしはしなかった。

それが産業革命で一変した。以来、出生時平均余命は2倍に延び、実質所得は14倍に増え、平均身長は約10センチ高くなった。[3] 現代の経済では、経済成長の効果により、世代を経るごとに生活水準は向上すると考えられている。しかし産業革命以前、経済成長は散発的にしかなく、あっても遅かった。

複数の連動した革命

経済学者ロバート・アレンは、産業革命を正しく理解するには、複数の革命の連動としてそれを捉えるべきだと述べている。[4]

まず農業の生産性が飛躍的に高まった。これは選択育種による農作物の品種改良と、畑を耕す技術の向上、それに輪作の導入のおかげだった。農業の生産性が高まると、食料の生産に必要とする労働力が減ったことで、「都市革命」が起こり、1750年には英国の全人口に占める都市人口の割合が4分の1に達した。この都市化はさらに「商業革命」を引き起こした。これはロンドンをはじめ、英国の各都市の緊密な社会的ネットワークの産物だった。輸出入が急拡大し、海上貿易を支える民間銀行が相次いで誕生した。

都市はイノベーションも促進した。経済学者アルフレッド・マーシャルがのちに指摘したように、物理的な近さは「空気の中に」何かを作り出す。そのような環境では、新しいアイデアが生まれると、すぐにそれが広まって、次々と改良が加えられていく。現代のテクノロジー企業がシリコンバレーに拠点を置くことで生産性が高まるように、産業革命期の英国では都市に拠点を置くことで企業の生産性が高まった。

連動した革命の中で最も重要だったのは、技術の革命だ。18世紀、「英国は次々と登場する新しい機械に席巻された[5]」。ジェイムズ・ハーグリーブズが発明した「ジェニー紡績機」は、複数の糸を同時に紡ぐことができ、わずか1世代のうちに木綿糸の生産効率を100倍以上に高めた[6]。製鉄業も、木炭に代わってコークスが燃料に使われたり、パドル法が考案されたり、溶鉱炉が大型化したりしたことで、さま変わりした。

1712年にはトーマス・ニューコメンが蒸気機関を発明し、さらに1760年代から70年代にかけて、ジェイムズ・ワットがそれを改良した。蒸気機関の普及に好都合だった

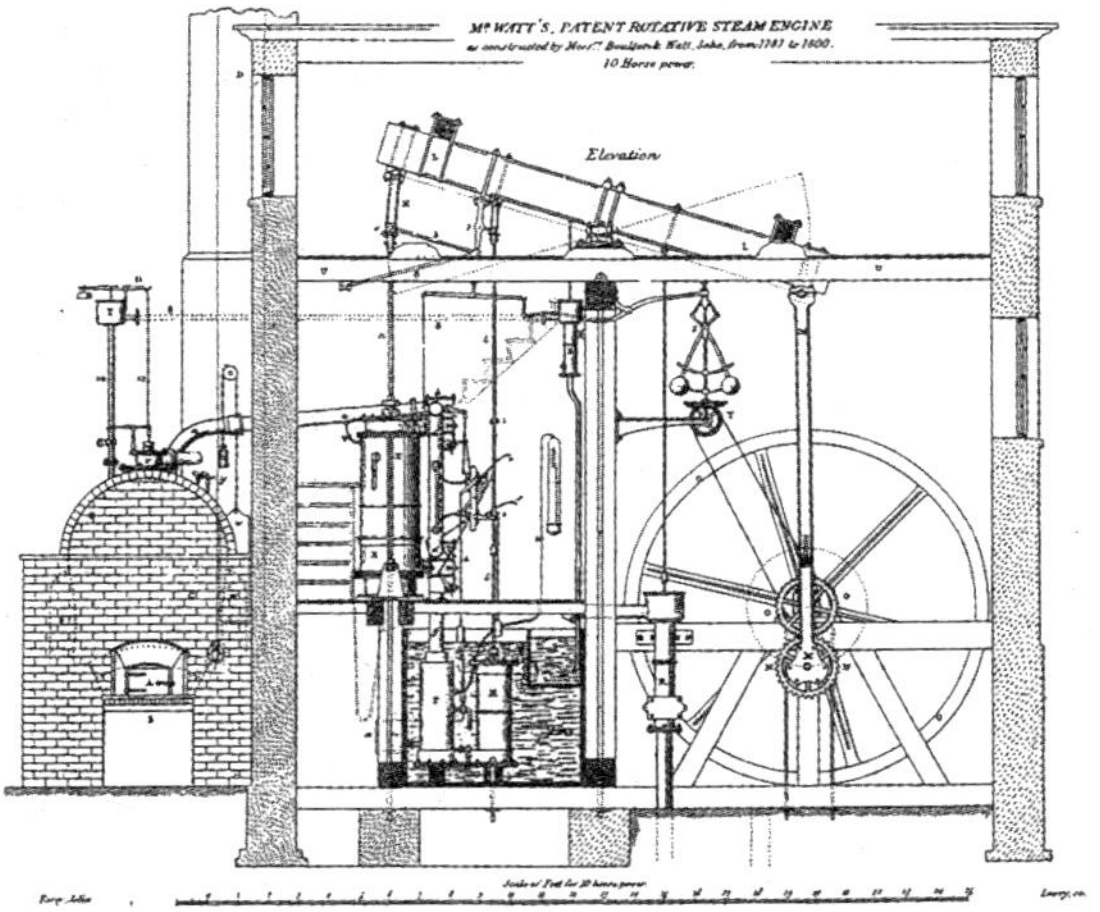

ジェイムズ・ワットが開発した蒸気機関。燃料には石炭が使われた。
特許取得は1769年。

のは、英国の地中には石炭が豊富にあったことだ。ただ、現在では気候変動の原因であることが知られている大気中の炭素の蓄積にも、それは寄与することになった。

「汎用技術」が活用されるようになるまでには時間がかかる

「汎用技術」は経済発展を加速させられるイノベーションだが、効果的に使われるようになるまでには時間がかかることが多い。石炭を燃料とする蒸気機関はまさに汎用技術であり、最終的には、工場に革命を起こし、輸送を一変させ、鉄道の旅を可能にした。しかし製造業で石炭の力がフルに活用されるようになるまでにはしばらく時間がかかった。

ジェイムズ・ワットの特許の期限が切れた1800年でも、英国では、水力を使う工場のほうが蒸気機関を使う工場より3倍多かった。[7] 世界で初めて都市間を結ぶ鉄道（リバプール－マンチェスター間）が開通したのは、1830年だったし、英国の労働生産性の伸び率の半分が石炭の利用からもたらされるようになったのは19世紀の半ばになってからだった。産業革命がかなり長期にわたった理由のひとつは、石炭をうまく使えるようになるまでにおよそ1世紀かかったことにある。

同じパターンはほかの汎用技術にも見られる。電動機が発明されたのは1880年代だったが、それによって生産性が向上したのは、組み立てラインがそれに合わせて作り変えられた1920年代になってからだった。同じように、1980年代初頭にはすでに何百万人もの人がパソコンを買っていたが、この新しい道具によって生産性が向上したのは、1990年代末、オフィスの業務がパソコンを中心に据えて再構築されてからだった。蒸気機関、電動機、パソコンという3つの例からいえるのは、汎用技術は短期的にはたいしたことがなくても、長期的には恐るべき真価を発揮するということだ。

産業革命は制度に支えられたものでもあった。資本市場があったから、企業は投資家から資金を調達することができ、保険市場があったから、リスクへの対策を講じることができた。英国では通貨が比較的安定し、法廷も比較的独立していた。さらに君主の権限も制限されていたし、議会も産業や起業活動に好意的だった。これらのことから、リスクテークや長期的な投資に適した環境が生まれた。[8]

近代経済学の父アダム・スミス

近代経済学はこの産業革命と同じるつぼの中で誕生した。ジェイムズ・ワットによって初めて実用化された蒸気機関が市場に登場したのは、1776年3月8日のことだった。[9] その翌日、同じくスコットランド人のアダム・スミスによって書かれ、経済学の原点となった『諸国民の富』が刊行された。『諸国民の富』は、ずば抜けて独創的な知性の産物だった。スミスは14歳でグラスゴー大学に入学し、その後、17歳でオックスフォード大学ベリオール・カレッジの大学院に進んだ。常識に縛られないスミスの思考は、オックスフォード時代に培われたもののようだ。ある伝記作者によると、「通っていた大学は、ジャコバイトとトーリー党支持者が多く、党派的で、金がかかり、スコットランド人嫌いで知られたが、アダム・スミスはキリスト教の長老派で、ホイッグ党を支持し、社交的で、貧乏で、スコットランド人だった」という。[10]

スミスは情熱家で、変わり者だった。経済学のことを考えていて、寝間着のまま家を出てしまい、着替えていないことに気づいたのは、19キロも歩いて隣町まで来たときだったとか、自由貿易のことを熱心に論じていて、なめし剤のおけの中に落ちてしまったとかいう逸話が残っている。[11]

『諸国民の富』はピン工場の事例から始まる。ひとりでピンを作ったら、1日に1本仕上げるのが精一杯だが、10人のチームでピン作りの工程を分担すれば、1日にひとり当たり4800本のピンを作ることができると、スミスは論じる。また、市場システムにおいては個人の利己心が社会的に有益なものになりうることを示し、次のように述べている。「わたしたちが食べ物に困らないのは、肉屋や酒屋やパン屋が親切で、わたしたちのためを思ってくれているからではなく、自分たちの利益を追求しているからだ」。市場には強力な調整機能がある。そのおかげで資本主義経済のほうが共産主義経済より、肉でも酒でもパンでも、物不足が起こりにくいのだ。

スミスは市場を完全無欠なものと考えていたわけではない。スミスの信奉者の中には誤解している者もいるが、スミスは独占や、政治への企業の影響力の増大や、企業の結託といったことを懸念していた。「同業者が集まれば、最後には決まって社会に対する悪だくみの話、つまり値段を引き上げるための策略の話になるものだ」と述べている。当時は、企業が公共の利益に反して結託したり、市場支配力にものをいわせて、生産費をはるかに上回る高い値段をつけたり、政府を取り込んで新規参入を阻止する法律を制定させたりするのを防ぐことはほとんどできなかった。

自由市場と民主主義の相乗効果

ちょうど産業革命が始まった頃、大西洋の両側で政治的な革命も起こっていた。米国の独立宣言（1776年）とフランス革命（1789年）はどちらも個人の自由という原理に端を発するものだった。個人の選好が集まって値段と数量が決まるのが市場だとすれば、個人の選好が集まって政権が選択されるのが民主主義の選挙だといえる。

それから2世紀経った現在、結果は歴然としている。統制経済より市場経済のほうが人々の生活水準は高い。同じように、民主主義と共産主義とでは、人々がより豊かで、健康や教育への支出が多いのは、民主主義のほうだ。さらに、完全な民主主義国どうしのあいだで戦争が起こったことは、歴史上一度もない[12]。

自由市場と民主主義とは必ずしも両立するものではないが、両者の結びつきからは相乗効果が生まれる。封建主義の崩壊で、人々は自分で自分の職業を選べることを知った。経済的に自立するにつれ、政治にも自分たちの意思を反映させたいと思うようになるのは、当然の成り行きだった。

フランスとヨーロッパ諸国との戦争と金本位制

ただし、戦争で荒廃した時期もあった。フランスは1792年から1815年まで約20年にわたり、ヨーロッパ諸国を相手にはげしい戦いを繰り広げた。フランス革命戦争（1792～1802年）とナポレオン戦争（1803～1815年）と呼ばれる戦争だ。

1815年、ナポレオンの敗北によりようやく戦争が終結したときには、戦死者数は何百万人にものぼっていた。戦争の長期化はマクロ経済にも多大な影響を及ぼした。以来、多くの国々がそうだったように、英国政府も1790年代に紙幣の発行数を増やして、軍事費を捻出しようとした。英国では、紙幣の所持者がその紙幣を金と交換できる金本位制が採用されていた。1717年以来、通貨の供給量が大幅に増加すると、英国政府は一時的に紙幣と金との交換を停止して、物価水準を3年で59％上昇させた。

英国の発券銀行であるイングランド銀行に「老婦人（the Old Lady）」というあだ名がついているのは、この時代に描かれた風刺画（紙幣を身にまとって、イングランド銀行の金庫の上に座っている老婦人が、英国の首相にいい寄られる場面が描かれている）がきっかけだ。[13] 金本位制は大恐慌時におおむね停止され、1944年のブレトンウッズ協定で形を変えていったん復活したが、1970年代初頭に完全な廃止に至った。

ジェイムズ・ギルレイによる風刺画。イングランド銀行が「老婦人」と呼ばれるようになったのは、政府の金融政策を風刺したこの絵がきっかけ。

ジェレミー・ベンサムの功利主義

この時代の経済思想のルーツは哲学にあった。1776年、功利主義の祖と見なされる哲学者ジェレミー・ベンサムが「最大多数の最大幸福が正と不正の尺度である」という説を唱えた。功利主義とは、何かを選ぶときには、できるだけ多くの人にできるだけ大きな幸せがもたらされるほうを選ぶべきであるという考え方だ。

功利主義が議論の余地なく正しいと思える場面もある。例えば、船が沈没しようとしているとき、救命ボートに2倍多くの人を安全に乗せることができれば、その行為の価値も2倍大きくなるとはいえるだろう。

しかし功利主義からは受け入れにくい結論が導き出されることもある。ある列車に5人がひき殺されようとしているとき、分岐器のレバーを引いて、列車の進路を変えれば、ひき殺される人の数をひとりにできるとしたら、あなたは躊躇《ちゅうちょ》なくレバーを引くだろうか。あるいは病院で、5人が互いに異なる臓器の不全で死にかかっているとき、たまたまそこに居合わせた健康なひとりの人から5つの臓器を取り出して、5人の命を救おうとするだろうか。そうすればその人は死ぬが、助かる人の数は増えるのだからといって。

「限界効用の逓減」や「機会費用」という概念

このように受け入れにくい部分がありながらも、功利主義は現代の経済学者たちによって基本的な思考の枠組みに使われている。英国の経済学者ウィリアム・スタンリー・ジェボンズはベンサムの理論を土台にして、さらに数学的な手法を築き、「限界効用の逓減」という概念を説明した。暑い日に飲む1杯めの水と2杯めの水とでは、2杯めのほうが満足度は減る。このように満足度（効用）が減ることを限界効用の逓減という（「逓減」は少しずつ減るという意味）。

この単純な法則からいえることは驚くほど多岐にわたる。例えば、なぜわたしたちがいろいろなものを食べたがったり、いろいろな場所に行きたがったりするかはこの法則で説明がつく。累進課税や社会保障制度の根拠にもなる。億万長者より日雇い労働者のほうが1ドルから得られる満足感が大きいとしたら、富の再分配は社会全体の満足度を高めることができるといえる。日雇い労働者は増えたお金を使って歯の治療をするかもしれないが、ビリオネアはお金を持っていてもプライベートジェットの内装をいくらかよくするだけだろう。

英国の哲学者ジョン・スチュアート・ミルは、ホモ・エコノミクス（経済人）という概念を打ち出した。これは自分の個人的な幸せを最大化しようとする人間のモデルだ。[14] ミルはそのほかに機会費用という概念も提唱している。機会費用とは、ある選択をすることで失われる機会の価値をいう。例えば、夜勤と日勤とでは、夜勤のほうが機会費用は高い。夜勤を選んだ場合、ふつうの夜の睡眠を取れず、友人や家族との団欒《だんらん》の時間も失われるからだ。同じように、離職して、経営学修士（ＭＢＡ）を取得するための勉強に専念することには、収入を失うという機会費用が伴う。

機会費用は判断を下すための手段としても役に立つ。例えば、高額の買い物をしようとして迷ったときには、それと同額のお金で何ができるかを考えてみれば、判断のひとつの目安になる。高級ブランドの服を買うことの機会費用は、自分がいちばん好きなバンドのコンサートに行くのをあきらめることであるというように。

鏡や時計が変えた社会

ある時代がどういう知的な発展を遂げるかは、その時代の発明品の影響を受ける。１８３５年、ドイツの化学者ユストゥス・フォン・リービヒがガラス面に銀めっきを施すことで鏡を開発した。これにより史上初めて、誰もが自分のありのままの姿を見られるようになった。歴史家スティーブン・ジョンソンが指摘しているように、「鏡の登場以前、一般の人々は生涯に一度も、自分の実際の顔を見ることがなかった。自分の姿を映し出してくれるものといえば、水の表面や磨かれた金属面ぐらいしかなく、そこに映る姿は断片的で、歪《ゆが》んでいたからだ」[15]。

鏡のおかげで、画家たちは自画像を描けるようになった。鏡は世の中の人々をより自己中心的にもし、それによって資本主義や市場システムを勢いづかせた。すると、勢いづいた資本主義や市場システムによって、鏡がますます売れるようになった。

時計も社会を変えた。振り子の発明により、日時計よりも正確な時計が登場すると、家庭に時計が急速に普及し始めた。さらにひげぜんまいという部品の発明で、正確さが大きく向上した。時計の精度が高まると、発明家たちは時計に分針をつけ加えた（それ以前は、精度が低すぎて、分針をつける意味がなかった）。

これにより工場では、工員が時間どおりに出勤するのを前提にして、シフトを組めるようになった。時刻表にもとづいて運行される列車の旅も、円滑さが増した。精度の向上は海の旅にも役立った。そのおかげでクロノメーターを使って海上で経度を測ることが可能になったからだ。家内生産から大量生産へ、家庭教育から学校教育へ、工業時代以前の不規則なリズムから工業時代の規則正しいリズムへという移行も、正確な時計によって促進された。[16]

ラッダイト運動の拡大

産業革命を支えた発明の数々はすべての人を喜ばせたわけではなかった。1811年、憤慨した織工のグループが密かに集会を開いて、工場主に「ネッド・ラッド」という名で脅迫状を送り、機械式織機を使い続ければそれらを打ち壊すと迫った。この運動には何千もの人が加わった。ネッド・ラッドはロビン・フッドのようにシャーウッドの森に住んでいるという伝説まで生まれた。

やがてラッダイトと呼ばれるようになった運動の参加者たちは、詩人バイロン卿の支持を得た。バイロン卿は貴族院での最初の演説で、ラッダイトは「誠実で勤勉な」者たちであり、暴力行為に及んだのは「類例のない窮境に追い込まれた」せいだと訴えた。ただし

ラッダイト運動の架空の指導者ネッド・ラッドを描いた版画。

ラッダイトを擁護する者は少数派だった。英国議会は機械の破壊を死罪と定める法案を可決させ、ラッダイトの制圧に多数の兵士を投入した。一時、その兵士の数はナポレオン軍と戦う兵士の数を上回るほどだった。捕まった何百人ものラッダイトたちはオーストラリアへ島流しにされた。

この時期に手織工の賃金が下がったのは事実だが、新技術の導入で大量の失業者が発生するというラッダイトの主張は正しくなかった。[17] １８１１年から21年にかけて、英国経済の雇用数は逆に10％以上上昇した。[18]

英国の非人間的な救貧院

英国の救貧制度は教区単位で営まれていて、救貧手当の支給者が受給者を個人的に知っていることを前提にしていた。しかし人口や移動する人が増えるにつれ、そのようなことはしだいにむずかしくなっていった。そこで生まれたのが、ワークハウスと呼ばれる非人間的な救貧院だった。

この救貧院は、貧者は生来の怠け者なのだから、ただで食べ物を与えてはならず、重労働と引き換えにしなくてはならないという考えで運営されていた。１８３４年に施行された新しい救貧法では、困窮者への食料や住居の提供にワークハウスが使われることになった。

しかしワークハウスはすべての人に喜んで食べ物を与えようとする施設ではなかった。居住者は囚人服のような服を着させられたり、男女で分けられたりするなど、ひどい仕打ちを受けた。当時、英国の上流階級を構成していたのは、相続した土地からの収入で悠々と暮らす「ジェントリ（地主階級）」たちだった。ならば、貧しい人々のほうが裕福な人々よりもはるかに勤勉に働いていたはずだ。社会のこの偽善は、19世紀の英国の小説を読むとよくわかる。ジョージ・エリオットや、トーマス・ハーディーや、チャールズ・ディケンズといった名だたる作家たちが救貧院の残酷さを克明に描いている。隣のアイルランド

ウェストミンスターユニオンのワークハウスに暮らす女性たち。

では、1840年代にジャガ芋飢饉が発生すると、国の救貧法がまったくの役立たずであることが判明した。死者の数は約100万人にのぼり、それとほぼ同数の人が国外へ逃れた。

フレデリック・バスティアが示した重要な論点

新製品との競争を強いられた産業資本家たちは、しばしば政府に助けを求めた。その振る舞いをあざけったのは、フランスの経済学者フレデリック・バスティアだ。バスティアは次のような風刺的な嘆願書を書いた。「われわれ燭台《しょくだい》メーカーは、熾烈《しれつ》なライバルとの競争に勝てる見込みがありません。相手はわれわれよりはるかに有利な条件で光を生産しています。このライバル（太陽といいます）と競争するためには、24時間、カーテンを閉じることを義務づける法律の制定が必要です。そうすることで農業、捕鯨業、燭台製造業において、雇用が創出されるでしょう」。

茶化した書き方をしながらも、バスティアは経済的に重要な論点も提示していた。それは新しい技術を阻止することのコストは、得てして見過ごされやすいということだ。蝋燭の利用を増やしたら、そのぶん、人々はほかの支出を切り詰めなくてはいけなくなるだろう。

バスティアは別の架空の嘆願書で、政府に国民の右手の利用禁止を求めている。国民全員が右手を使わなければ、労働需要が大幅に増えるというのがその理由だ。これは経済学では「労働塊の誤謬《ごびゅう》」として知られている。世の中の仕事の量は一定であり、その仕事は労働者のあいだで配分できるという考え方だ。実際には、労働者は消費者でもあるので、従業員の生産性を低下させるような改革をしたら、従業員の収入が減って、消費が冷え込み、経済に悪影響が出るだろう。

バスティアは「不世出の優れた経済ジャーナリスト」と称されている。[19] 驚くべきは、多大な影響を経済学に及ぼしていながら、結核で若くして亡くなっていて、経済学者として公に活躍したのはわずか6年だったことだ。経済学は主に英国と北米の学者たちによって形成された学問だが、18世紀と19世紀にはフランスの学者の影響も大きかった。「アントレプレナー（起業家）」や「レッセフェール（自由放任）」といったフランス語由来の用語があることからも、当時の影響の大きさを推し量ることができる。

関税に反対したデイビッド・リカード

産業革命期の技術の進歩は、貿易の拡大と軌を一にするものだった。19世紀に入る頃には、貿易が世界じゅうの人々の生活を変えていた。中国には綿や羊毛の製品のほか、マッチや針や傘や窓ガラスなどがどっと流れ込んだ。[20] ヨーロッパでは一般の人々が紅茶を飲み、チョコレートを食べ、銀貨で買い物をするようになった。

貿易はすべての人に歓迎されたわけではなかった。理由は単純で、安い輸入品が入ってくれば、国産品が売れなくなる可能性があったからだ。そこで生産者たちは、輸入を阻む法律の制定を求めて、ロビー活動を展開した。多くを失うことになる少数の者たちは、少しだけ得をするおおぜいの者たちよりも、たいていは大きな政治的影響力を持っている。この傾向は、たとえおおぜいの者たちの利益の総額が少数の者たちの損失の総額を上回ったとしても変わらない。

このような政治力学が働いて、英国では1815年、国内の農家を守るために穀物の輸入に関税が課された。その結果、英国の小麦の値段はオランダの小麦の倍にまでなった。[21] このとき穀物法を巡って論争が繰り広げられ、それが経済学を大きく発展させた。関税反対を唱えた初期の論者のひとりが、古典派経済学の完成者といわれるデイビッド・リカードだった。

リカードは若くして株式仲買人としてひと財産を築いた。その後、政治と学究の世界に身を転じて、庶民院の選挙に出馬し、議員になった。休暇中に読んだアダム・スミスの著作をきっかけに経済学に魅了されると、穀物法を廃止することが自分の議員としての使命であると確信した。穀物法を廃止すれば、英国を「世界一幸せな国」にできるというのがリカードの考えだった。[22]

リカードの著作はスミスの著作と比べ、読みやすいとはいいがたい。議員の仲間からも「まるでほかの星から来たかのような話をする人物」と評されている。[23]しかし前に取り上げた比較優位という概念を提唱したのは、リカードにほかならない。なぜ最も生産性の低い国ですら、貿易から利益を得られるのかを説明するうえで、比較優位は基礎になる概念だ。リカードは穀物法の廃止前にこの世を去ったが、間違いなく英国を自由貿易への道に導いた立役者だった。

第5章 貿易、移動、技術の急発展

穀物法の廃止と貿易という戦い

1840年代、度重なる凶作に見舞われた英国で、穀物の値段が跳ね上がった。この10年はのちに「飢餓の40年代」と呼ばれるようになる。農村部の貴族は、力をつけてきた都市部の産業資本家からも圧迫を受けていた。経済学が注目され、しばらくは政治論争でも盛んに引き合いに出された。反穀物法同盟の支援を受けて、経済誌『エコノミスト』が創刊されたのも、1843年のことだ。同誌の初期の編集長ウォルター・バジョットは次のように述べている。「おおぜいの男女がこれほどまで政治経済の議論に熱を上げた例は、

1842年7月の鎮江の戦いを描いた絵。

過去のどんな時代にもきっとないだろう」[1]。

自由貿易を巡る議論は、国民の一大関心事となり、詩や、刺繍や、胸像や、菓子でも取り上げられた[2]。1846年、穀物法がついに廃止された。ある研究によると、この廃止で損をしたのは、富裕な上位10％のみで、残りの90％の国民は恩恵を受けたという。

国外では、貿易は文字どおりの戦いだった。英国の貿易商が中国でインド産アヘンを売ろうとするのを中国政府によって拒まれると、英国政府は麻薬の売人のために軍艦を派遣して、中国に攻撃を仕掛けた。戦闘は広州、香港、杭州、寧波、鎮江付近の沿岸で行われ、3000人以上が殺された。ある学者は英国のこの攻撃を「麻薬帝国主義」の事例と呼んでいる[3]。

この戦争の結果、1842年、中国に5港の開港と香港の割譲を認めさせる南京条約が結ばれた。40年のあいだに中国のアヘンの輸入量は年間6000トンを超える規模に膨らんでいた。[4]

日本の開国と「富国強兵」

英国の「貿易か死か」という方針の成功に触発され、米国は1853年、日本に4隻の軍艦を送って、貿易の規制を撤廃するよう要求した。この軍艦の来襲をきっかけに、日本の「幕府時代」、すなわち軍事的な独裁者（将軍）に7世紀にわたって統治されてきた時代に終止符が打たれた。

最後の幕府となった徳川幕府は、それまで貿易を縮小して、外交関係を制限し、出入国を全面的に禁止していたが、開国を余儀なくされた。1867年の大政奉還を経て、翌68年に成立した明治政府は、教育にも力を入れた。日本が新しい技術を素早く取り入れられたのは、この教育のおかげだった。

日本の近代化の推進者たちは「富国強兵」のスローガンのもと、身分制を廃止し、誰でも自由に職業を選択できるようにした。[5] 200万人近くいた武士は、皆兵制にもとづく国民軍に取って代わられた。日本政府は鉄道と電信に優先的に資金を投じたほか、西洋の技術を導入することで、欧米に比べて安い労働力を活かそうとした。西洋と結んだ条約で、関税率の上限を5％とすることが定められていたので、外国との競争を避けることはできなかった。したがって政府主導の経済開発によって、早急に国内産業の生産性を高めることが不可欠だった。

関税の撤廃による自由貿易の拡大

「過去に貿易で破綻した国は一カ国もない」と述べたのは、幅広い分野で業績を残した米国のベンジャミン・フランクリンだ。しかし、欧米の国々は他国に市場の開放を求めていながら、自国の輸入品には関税を課していた。これはひとつには政府が収入を必要としていたからだった。包括的な所得税の導入以前には、多くの国が関税を主要な収入源にしていた。ナポレオン戦争や南北戦争といった戦争の戦費は、関税収入を増やすことでまかなわれることが多かった。

関税は管理しやすく、国の財政には好都合だったが、経済全体にとっては好ましくなかった。関税をかけるというのは、いってみれば、自国の港にわざわざ岩を並べて、船の通航を妨げるようなものだ。岩を取り除けば（関税を撤廃すれば）、貿易相手が何をするかに関係なく、自国が恩恵を受けられる。

しかし実際には、輸入よりも輸出のほうが政治的に重視されることが多い。そのような

「重商主義」的な方針を採る国々は、貿易相手国が関税率を引き下げる場合にのみ、自国の関税率の引き下げに応じる。そういった取り決めの先駆けとなるものが英国とフランスのあいだで交わされたのは、１８６０年だ。英国はフランスに対し、ほぼすべての関税を撤廃することに同意し、フランスもそれと引き換えに関税の引き下げに応じた。

この取り決めには、「最恵国待遇」条項も含まれていた。ほかの国に対して与えた最も有利な待遇を互いにも与え合うことを意味する（つまり、英仏のどちらかが別の国に対して、ある製品の関税率を５％に下げることを約束したら、互いにもその関税率を適用するということ）。それから10年ほどのあいだに、ヨーロッパじゅうで貿易協定が結ばれ、英仏の最恵国待遇条項が自由貿易をヨーロッパ全土に広めるのに役立った。[6] 貿易には生産と消費を「分離（アンバンドリング）」する効果があった。[7] 貿易をすれば、もはや一国の中でものを作ることと売ることの両方をする必要がなかった。

この時代の貿易は、貧しい国々の成長を助けることができたはずだった。そもそも帝国は自由貿易圏として運営されていた。１８６９年にスエズ運河が開通すると、ロンドンとアラビア海を結ぶ海路の距離は半分近くに短縮した。

しかし列強は植民地からの輸出品目をきびしく制限して、帝国の周縁より中央が大きな利益を得られるよう貿易を管理した。西欧経済が世界のほかの地域の経済を大きく引き離し始めたのはこの頃からだ。1820年から1900年までのあいだに、ヨーロッパの生活水準は2倍以上に高まったが、アジアとアフリカの生活水準はまったく上昇していない。[8]

企業が果たした重要な役割と労働組合の結成

産業革命の推進においては、企業（コーポレーション）が重要な役割を果たした。オランダと英国の東インド会社が投資家たちに複数の航海に別々に投資するというリスクの回避策を提供したように、工業企業も出資者たちに新事業のリスクを分け合わせた。会社組織は古代ローマの時代からあるが、この時代には鉱床を探したり、未開の地に鉄道を敷いたり、遠い異国の産物を売ったりするなど、リスクの大きい事業に挑むのに不可欠なものであることが明らかになった。

また企業は富裕な投資家たちに無一文の起業家たちの事業アイデアを支援する機会を与えることで、分業化も促進した。1855年には英国の議会で有限責任法が可決された。これは企業が倒産しても、株主は債権者に対して企業の負債を支払う義務を負わないことを定めた法律だった。

こうして企業は投資家たちにいかにリスキーな事業に出資してもらうかという問題を解

決した。それは企業の所有者の責任を限定して、所有者が出資額以上を失わないですむようにするという解決策だった。

しかし企業は雇用主としても強大化した。企業の交渉力が個々の従業員の交渉力を圧倒し、従業員は企業にものをいうことができなかった。この問題の解決策として考案されたのが、労働組合の結成だった。つまり労働者が一致団結して賃金や待遇の改善を求めるための団体の結成だ。

ところが産業革命の初期には、労働組合の結成は違法とされた。１８３４年、英国の6人の農業労働者が労働組合を結成した罪でオーストラリアへの流刑に処されるという出来事が起こった（のちに6人は「トルパドルの殉教者」と呼ばれるようになる）。これに反発した市民がデモ行進し、80万人が嘆願書に署名した結果、この判決は覆された。労働者の権利が社会から強く支持されていることの表れだった。

産業革命で生まれた利益が英国の労働者のあいだに行き渡るまでには長い時間がかかった。産業革命の開始から半世紀経った１８３０年代ですら、実質賃金はほとんど上がっていなかった。ほかの指標にも同じ傾向が見られる。19世紀初頭の英国の平均寿命は35〜40歳に留まり、16世紀と比べてほんのわずかしか延びていなかった[9]。

そのうえ、都市では農村より平均寿命が10年も短かった。衛生状態の悪さや人口の過密さのせいで、病気が蔓延しやすいことが原因だった。当時の医療はほとんど助けにならなかった。蛭《ひる》を使って瀉血《しゃけつ》するとか、水銀を服用させるとか、気つけ薬としてウィスキーを飲ませるとかいったことが一般的な治療方法だった時代だ。それでも１８４０年代に入ると、ようやく賃金が上がり始め、ほかの指標も改善した。１８２０年から70年までのあいだに、英国の識字率は50％から75％へと上がった。[10]

経済の差が勝敗を分けた南北戦争

産業革命の時代にははげしい戦争も起こった。１８６１年から65年にかけて、米国では南北戦争が発生し、国が荒廃した。大量生産の武器のほか、鉄道や蒸気船や電信が導入されたこの戦争は、規模でも、死者数でもすさまじいものだった。戦死者の数は60万人以上にのぼった。これは兵士の５人にひとりが死んだ計算になる。戦争が終結すると、３００万人を超える奴隷が解放された。

経済学の観点から南北戦争の際立った特徴といえるのは、両陣営の資源に差があったことだ。戦争では、人口が多く、経済規模が大きいほうが必ずしも勝つとは限らない（とりわけ一方が戦争により多くの資源を割こうとしている場合にはそうだ）。しかし資金はものをいう。ことわざにあるように、神はより大きい軍隊に味方するのだ。

戦争が始まったとき、北部の人口は2100万人、南部の人口は900万で、両者には2倍以上の開きがあった。南部が農業主体の経済であるのに対し、北部は米国の工業製品の90％を生産していた。しかも国内の武器の97％を生産しているのは、北部だった。

経済的には南部が驚くほどよく持ちこたえた戦争だったといえる。北部の軍事戦術の拙さにも助けられて、戦争は長引いたが、最終的には経済の差が勝敗を分けた。戦争が打ち続く中、南部はインフレで戦費の60％を支えていた（北部ではその割合は13％）[11]。戦争が始まってから終わるまでのあいだに、南部では紙幣を大量に刷った結果、物価が92倍に上昇した。

オーストラリアにおける労働運動

当時は、すでに国家が確立されていたが、国境は基本的には自由に越えられた。パスポートなどなく、他国へ行きたければ、列車や船に乗って移動するだけでよかった。1851年、オーストラリアのバララットという町で巨大な金鉱が見つかると、オーストラリアへ人が流入し始めた。続く20年間で、オーストラリアの移住者の数は44万人から170万人へ4倍に増えた。

1世紀前、英国の植民地主義者たちにとってオーストラリアは野外刑務所以上のものではなかった。19世紀末には、罪人がオーストラリアに送られることはなくなり、代わりにヨーロッパやアジア、南北アメリカから移民が押し寄せてきた。多くは金鉱で一攫千金《いっかくせんきん》を狙う者たちだったが、母国よりもはるかに賃金が高いほかの仕事に携わる者もかなりいた。

老大家と若き天才

経済学者デイビッド・ガレンソンが創造的な職業の研究から、ある興味深いパターンを発見した。[12] 若いときに最も優れた仕事をする者は「概念主義者」であることが多く、たいていはあるひとつの独創的なアイデアを創作の源にしている。一方、晩年に代表作を生み出す者は一般に「実験主義者」であり、その作品は試行錯誤によって徐々に磨かれていく。

画家では、ラファエロ、ヨハネス・フェルメール、フィンセント・ファン・ゴッホ、パブロ・ピカソが概念主義者で、いずれも早い時期に最も重要な作品を制作している。ピカソがキュビズムの傑作「アビニョンの娘たち」を描いたのは、25歳のときだ。レンブラント、ミケランジェロ、ティツィアーノ、セザンヌは実験主義者で、いずれも晩年になってから最も重要な仕事を成し遂げた。セザンヌは、つねに少しずつ完璧に近づいている気がするという言葉を残している。

詩人のE・E・カミングスとシルビア・プラスは、内的に得たインスピレーションによって概念的に詩を構築し、30代までに自身の最高傑作を書いた。一方、マリアン・ムーアとウォレス・スティーブンズは日々の生活の中で実際に経験したことを題材にし、40代以降に代表作を書き上げた。

概念主義者の小説家には、若くして名作を書いたジェイムズ・ジョイスとハーマン・メルビルがいる。一方、チャールズ・ディケンズとバージニア・ウルフは周囲の世界をつぶさに描こうとした実験主義者だった。どちらも晩年に傑作を書いている。

映画監督のオーソン・ウェルズはまさに若き天才で、概念主義者だった。『市民ケーン』は26歳のときの作品だ。一方、クリント・イーストウッドは監督としては遅咲きの実験主義者であり、名声を馳せるようにな

米国の詩人マリアン・ムーア。1951年発表の『全詩集』(Collected Poems) でピュリッツァー賞と全米図書賞を受賞したのは、63歳のときだった。

ったのは、60歳を過ぎてからだった。
発見するのが概念主義者、探求するのが実験主義者だ。

オーストラリアの労働者の賃金が英国や米国より高かったのは、ひとつには労働力が不足していたからだった。そのおかげで欧米の労働者よりも強い交渉力を持っていた。シドニーの石工たちは1855年のストライキ後、世界で初めて1日8時間労働の権利を勝ち取った。

土地が広大である一方で人口は少ないオーストラリアの賃金は、1880年代には、世界で最も高かった。労働運動が政治にも大きな影響を及ぼした。女性の選挙権と被選挙権が認められたのも、国の最低賃金が定められたのも、（投票率を上げるため）土曜日の投票が導入されたのも、世界でいちばん早かった。

社会保障制度や公衆衛生の発展

ほかの国に目を転じると、この時代には社会保障制度も発展した。ドイツでは1880年代、保守派の首相ビスマルクが勢力を伸ばしてきた社会民主主義勢力に対抗するため、医療保険、傷害保険、老齢障害者年金を提供する改革案を議会に提出した。この改革は、

パリの最先端の下水道システムを見学する観光客。下水道システムの設計者はウジェーヌ・ベルグランとオスマン男爵。

当時としては世界に先駆けたものだった。

ただし、現代から見たら、その内容は目を見張るほどのものではなかった。ビスマルクの医療保険制度を支える「疾病基金」は、労働者がその3分の2を負担していた。当時のドイツの30歳の平均余命は30年をいくらか超える程度だったが、年金は70歳を過ぎないと支給されなかった[13]。

同じ頃、衛生や医療の重要なイノベーションをもたらしたのはフランスだった。フランスでは1860年代までに、世界最大の下水道システムが整備されていた。それは街路に沿って築かれており、小説家ビクトル・ユゴーが「じつに整然とし、美しい下水道である」と評している。

19世紀半ばからは、各国が自国のイノベーションを披露する万国博覧会が始まった。1867年のパリ万国博覧会では、下水道を歩いて回る見学ツアーも催された。パリの各家庭は急速に新しい下水道システムに接続され、それに伴って感染症の流行が減った（これはまさに「水に流すことで得られる」恩恵だった）。

3人の子どもをチフスで失ったフランスの細菌学者ルイ・パスツールは、伝染病が瘴《しょう》気《き》ではなく病原体によって広まることを唱え（病原体説）、衛生的な飲み水の提供や、感染症の患者の隔離といった政府の政策を後押しした。産業革命が始まった当初、都市住民の死亡率が農村に暮らす人よりも高かったのは、伝染病の蔓延が主な原因だった。先見の明のある政府の政策が都市をより安全な場所にし、さらにそうすることで都市化に拍車をかけた。

早産児を育てる保育器もフランスの産科医ステファン・タルニエによって開発された。タルニエは1880年にパリ動物園を訪れたとき、異国の鳥の卵に使われる孵《ふ》化《か》器《き》を目にして、新生児にも同じ原理が使えるのではないかとひらめいた。3年後、彼が発明した保育器のおかげで低出生体重児の生存率が35％から62％へと上昇した[14]。

それからの数十年のあいだに、乳児医療が平均寿命を延ばすための鍵を握っていることがわかった。乳児死亡率が改善されると、多くの家族が子どもを埋葬する苦しみを味わわずにすむようになった。また子どもが生き延びる割合が高まったことで、女性が産む子どもの数も減った。

医療改革に力を入れていたフランスは、1893年、貧困者に無料で医療を提供する制度を設立した。この制度は大好評を博し、導入後10年で制度設計者の予想をはるかに上回る規模に拡大された。

独占という問題と「モノポリー」ゲーム

経済成長はそのように社会改革を支えたが、一方で経済力の集中も招いた。米国では、ジョン・D・ロックフェラーのスタンダード・オイルが他社を買収したり、倒産に追い込んだりして、ほぼすべての競合企業を市場から排除した。1880年には、国内の石油精製業の90％を支配するに至った。

ロックフェラーはさらに、スタンダード・オイル・トラストを設立した。これは事業の実態を当局に把握させないために考案された、複雑な企業形態だった。この企業形態を隠れ蓑《みの》にして、同社は市場独占力を使って、価格をつり上げ、利益を増大させた。

米国議会はこの問題に対処しようと、1890年、シャーマン反トラスト法を可決した。しかし反トラスト法が本格的に施行され始めるまでには、10年かかった。スタンダード・オイルの実態を暴いたアイダ・ターベルをはじめ、ジャーナリストたちの調査報道もその施行に貢献した。

独占の実態を知らしめようとする努力は、思いどおりの結果に結びつかないこともあった。19世紀末、リジー・マギーというフェミニストの著述家がコーネリアス・バンダービルトや、ジョン・D・ロックフェラーやアンドリュー・カーネギーといった「泥棒男爵」たちの権力に強い憤りを感じた。

経済学者ヘンリー・ジョージの学説を読んで、独占が世の中の貧富の差を極端にまで押し広げることを知ったマギーは、やがて「家主のゲーム」というボードゲームを開発した。これはプレーヤーどうしのやりとりを通じて、独占力がいかなるものかを知ることができるよう設計されたゲームだった。マギーの意図は、土地の強奪によっていかに不動産の所有者が富み、借家人が貧しくなるかを示すことにあった。

ところが30年後、パーカー・ブラザーズが彼女のゲームの改変版を開発し、社会批判的な要素を取り除いて、「モノポリー」の名で売り出したときには、独占を最もきわめた者が勝つゲームに変わっていた。マギーはわずか500ドルの支払いを受けただけで、元のゲームを考案した功績も認められなければ、社会正義という本来の目的も達成できなかった。

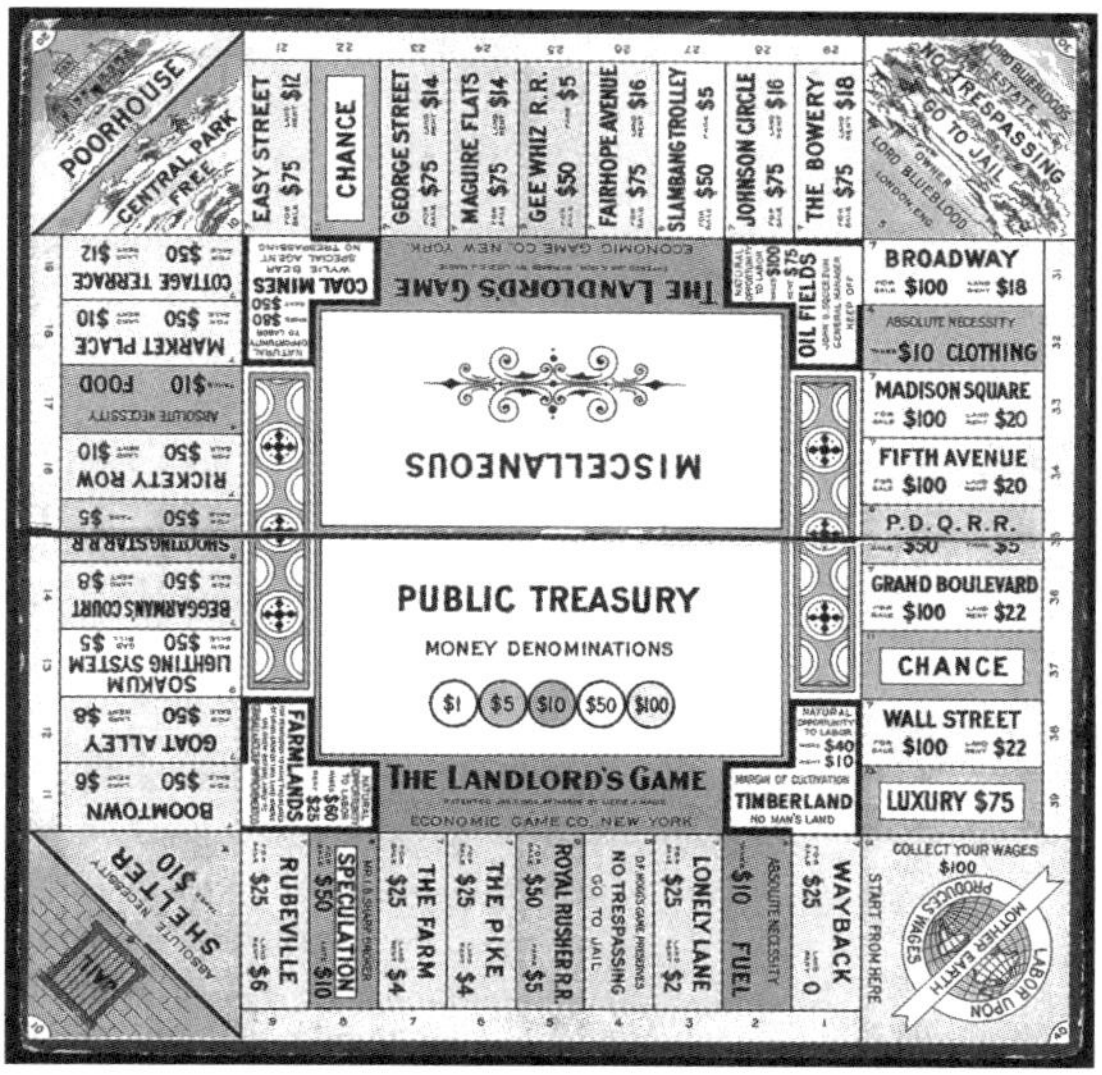

警鐘を鳴らすために考案された元のモノポリーでは、ウォールストリートが最も価格の高い土地だった。

米国で成長した格子状の都市と摩天楼

19世紀末になると、米国の諸都市が世界で最も著しい成長を見せていた。これはひとつには、米国の都市計画者が道を格子状に配置することが多いのが理由だった。

ヨーロッパの古い都市はたいてい地形に合わせて造られているか、あるいは放射状に設計されていた。放射状は都市の防衛に適していたが、経済的に効率がいいのは格子状だった。格子状の都市は、側道を最大限に活用できた。また各戸と下水道や輸送路との接続もしやすかった。[15]

格子状の都市には世界初の摩天楼も登場した。１８９０年代のシカゴ、ニューヨーク、セントルイスではすでに10階建て以上の建物が立っていた。

摩天楼の要をなした技術はふたつある。ひとつは鋼を大量生産するベッセマー法。これにより高層ビルを支える鋼の梁《はり》を安価に製造できるようになった。もうひとつは、人が高層階まで昇るのを可能にしたエレベーターだ。

これらの技術はヨーロッパにもあったが、摩天楼が建設されるかどうかは規制の影響を受けた。20世紀初頭、ヨーロッパの多くの都市では安全性やゾーニングの規制により、高層ビルの建築が制限されていた。アメリカの都市ではそれに比べ、もっと自由に開発が進められた。その差はいまだに各都市のスカイラインの違いに見て取れる。

第6章

経済モデルと工場の近代化

アルフレッド・マーシャルがグラフで表した需要と供給の関係

20世紀初頭、世界で最も大きな影響力を持った経済学者は英国のアルフレッド・マーシャルだった。ケンブリッジ大学の数学の卒業試験で第2位の成績を収めたこともあるマーシャルは、1890年に書いた教科書『経済学原理』で、その数学の才能を発揮するとともに、経済学が社会全体の福祉向上にどのように役立つかを論じている。

同書の中に需要と供給の関係の話が出てくる。需要と供給の関係は、開いた鋏の形のようだと、マーシャルはいう。グラフの縦軸に価格、横軸に数量を取ると、供給を表す線はふつう右肩上がりになる。価格が上がるほど、商品を提供しようとする人が増えるからだ。一方、需要を表す線は、逆に右肩下がりになる。これは前述した限界効用の逓減による。つまり、消費者があるものを数多く持っていればいるほど、新たにそれを買うのに支払おうとする金額は減る。

供給の側では、価格と数量とは正比例し、消費の側では、価格と数量とは反比例する。どちらの場合にも、トレードオフの力が働いている。ある商品の価格が上がると、供給者はほかの商品の生産をやめて、その値上がりしている商品の生産に注力するようになるが、その商品を買っていた人は、価格が上がると、その商品を買うのをやめて、代替品を求めるようになる。

2本の線が交差する場所に市場の均衡が生じる。つまり供給と需要が一致する場所だ。もしマーシャルが1900年にダイヤモンドを買おうとしていたら、きっとダイヤモンドを手に入れたいという買い手の思いと、売りたいという売り手の思いが市場に反映することに注目していたに違いない。

売り手が売ろうとしている量と、買い手が買おうとしている量がぴったり合っている状態の価格は、均衡価格という。需要と供給の関係をグラフにした経済学者はマーシャルが初めてではないが、需給のグラフは「マーシャリアン・クロス」と呼ばれている。これはマーシャルのグラフが最も完璧で、説得力があったからだ[1]。

マーシャルの経済学の明快さ

マーシャルは生産者について考えるとき、企業の固定費（所有する土地や建物など）と変動費（人件費や原材料費）を区別した。長期的には、資産を維持管理する費用を払えなくなれば、企業は倒産するだろう。しかし短期的には、生産物につけられる価格に最も大きく影響するのは、変動費だ。水道代が上がれば、綿の価格はすぐにその影響を受けるが、機械設備費が上昇した影響はもっとゆるやかに現れる。

マーシャルは優れた数学者でもあったが、その教科書が人気を博したのは、説明に図と実例が用いられていたからだった。以来、経済学者たちは図と実例を使って学生に教えるのが通例になっている。

マーシャル自身は自分の手法を次のように要約したことがある。「（1）数式は言葉の簡略化のために用いる。数式を探求の原動力にしない。（2）結論が出るまでそのルールを守る。（3）日常の言葉に翻訳する。（4）重要な実例を使って説明する。（5）数式を取り除く。（6）（4）ができなかったら、（3）からやり直す。わたしはこの最後の（6）をすることがしょっちゅうあった」。

これはつまり、経済学者は世界を説明する便利な道具として数式を使うべきであり、いたずらに難解な数式をもてあそんで、かえって経済の仕組みの解明から遠ざかってはならないということだ。今の経済学者たちはマーシャルの助言にもっと耳を傾けるべきだろう。

マーシャルは重要な概念をきわめて明快に説いた。経済学の誕生がこれほど遅かったのは驚きといえば驚きだ。市場と数学は数千年前からあった。「エコノミクス（経済学）」は、古代ギリシャ語で「家政」を意味する「オイコノミア」に由来する。古代ギリシャの数学者たちはピタゴラスの定理を理解し、おおよその円周率を割り出すことができ、放物線と直線で囲まれた面積の求め方を知っていた。ところが20世紀に入るまで、需要と供給の関係がはっきりと説明されることはなかった。

連邦準備銀行の設立とその役割

20世紀の初頭には、現代の経済で重要な役割を果たしている機関も誕生した。米国の連邦準備銀行だ。連邦準備銀行は、世界初の中央銀行というわけではないが、その一風変わった設立の経緯にはあらためて語るだけの価値がある。

1907年、銀行の経営破綻から米国の金融システムが崩壊の瀬戸際に陥ったとき、金融王J・P・モルガンがマディソン・アベニューの自邸に同業者を集めた。モルガンはドアに鍵をかけて、「ここで問題を食い止めよう」といい、倒産しかかっている銀行への多額の支援をみずから申し出るとともに、集まった銀行家たちにも同様の支援を求めた。銀行家たちがこの求めに応じたことで、金融システムの崩壊はからくも回避された。

3年後、米国の大手民間銀行がふたたび行動を起こした。このときにはジョージア州のジキル島で10日間の秘密会合が開かれた。会合に参加する銀行家たちは、わざわざ鴨猟に行くふりをして島に集まった。いっしょにいるところを誰にも見られないよう、乗る列車を別々にさえした。中にはそれらしく見せるため、猟銃を担いでいるような格好をする銀行家もいた。

この会合の報告書で提言されたのが、のちに連邦準備銀行になるものの設計図（最終的には、通貨を発行する権限を持つ12の地区銀行で構成されることになる）だった。その後、議会でいくらかはげしい交渉を経て、1913年、連邦準備銀行が創設された。これで米国は金融危機を回避しようとするときに、金融界の大物ばかりに頼らずにすむようになった。

中央銀行は17世紀からあるが（アムステルダム銀行、ストックホルム銀行〔現リスクバンク〕、イングランド銀行はいずれも17世紀に創設された）、経済の安定化を図る役割が強まったのは20世紀に入ってからだ。

民間銀行は短期預金で得た資金を使って、長期融資を行っている。短期で借りて、長期で貸しているので、どんなに経営の健全な銀行も、預金者がいっせいに預金を引き出そうとすれば、たちまち現金が底を突いてしまうという弱点を抱えている。中央銀行は人々の預金を保証することで、銀行の取りつけ騒ぎを防いで、金融システムを安定化させることができる。そのときに現金のやりとりはふつうは必要とされない。預金が保証されることがわかりさえすれば、人々はパニックを起こさないからだ。

金融の安定は公共の利益と見なされている。金融の安定の恩恵はすべての人に行き渡る。その恩恵に浴する人がどれだけ増えても、その恩恵が減ることはない。現代の中央銀行はほかに、インフレの達成を目指すという重要な役割も担っている。これについてはのちほどあらためて取り上げたい。

「組み立てライン」という生産方式の導入

20世紀初頭の花形商品は、なんといっても自動車であり、その発展は分業化の賜だった。自動車は当初、庶民には欲しくても手が出ない高価な代物だったが、1908年、フォードの重役ピーター・マーティンが組み立てラインという新しい生産方式を提案したことでそれが変わった。

フォード・モータースの工場の組み立てライン（ミシガン州ディアボーン）。

マーティンが着想を得たのは、シカゴのある食肉処理場で死んだ牛がレールに吊《つる》され、次々と作業員のあいだを運ばれて、解体されていくようすを見学したのがきっかけだった。デトロイトの工場で組み立てラインの試験を実施したところ、生産速度を格段に上げられることがわかった。

組み立てラインを実際に導入した結果、塗装が追いつかないほど自動車の組み立てが速くなると、フォードは顧客に車の色を選ぶのをあきらめてもらうことにした。最も乾くのが速いのは、黒だった。ヘンリー・フォードはこのとき次のようにいったと伝えられている。「顧客には何色でも好きな色の車を買ってもらえる。好きな色が黒である限りは[2]」。

組み立てラインは今ではどこの工場でもふつうに使われている生産方式だが、当時は、文字どおり、工程の常識をひっくり返す画期的なものだった。それまでは部品を車体まで運んでいたのが、車体を部品のほうへ運ぶようになったのだ。

小売業におけるイノベーション

イノベーションは小売りも変えた。1909年、ハリー・セルフリッジがロンドンのオックスフォード・ストリートに新しいタイプの百貨店を開店した。その名はセルフリッジズといった。セルフリッジが目指したのは、買い物を楽しくすることだった。

セルフリッジは顧客が自分で商品を手に取れるようにしたり、女性客が気持ちよく買い物できるよう店員に気配りをさせたり、店員にそれぞれの持ち場の商品の専門知識を身につけさせたりした。さらに1階に香水売り場を置くという巧妙な工夫も施した。買い物客を親しみをこめて「ゲスト」と呼んだり、「お客様の声が第一です」という広告文を掲げたりもしている。

価格に重点を置いた小売り業者もあった。例えば、米国では、フランク・ウールワースが5セントと10セントの商品を売る店「5セント&ダイムストア」（ダイムは10セント硬貨のこと）を始めた。そのビジネスモデルは「薄利多売」と呼ばれた[3]。1912年には全国の店舗数を596店に増やして、上場も果たした。

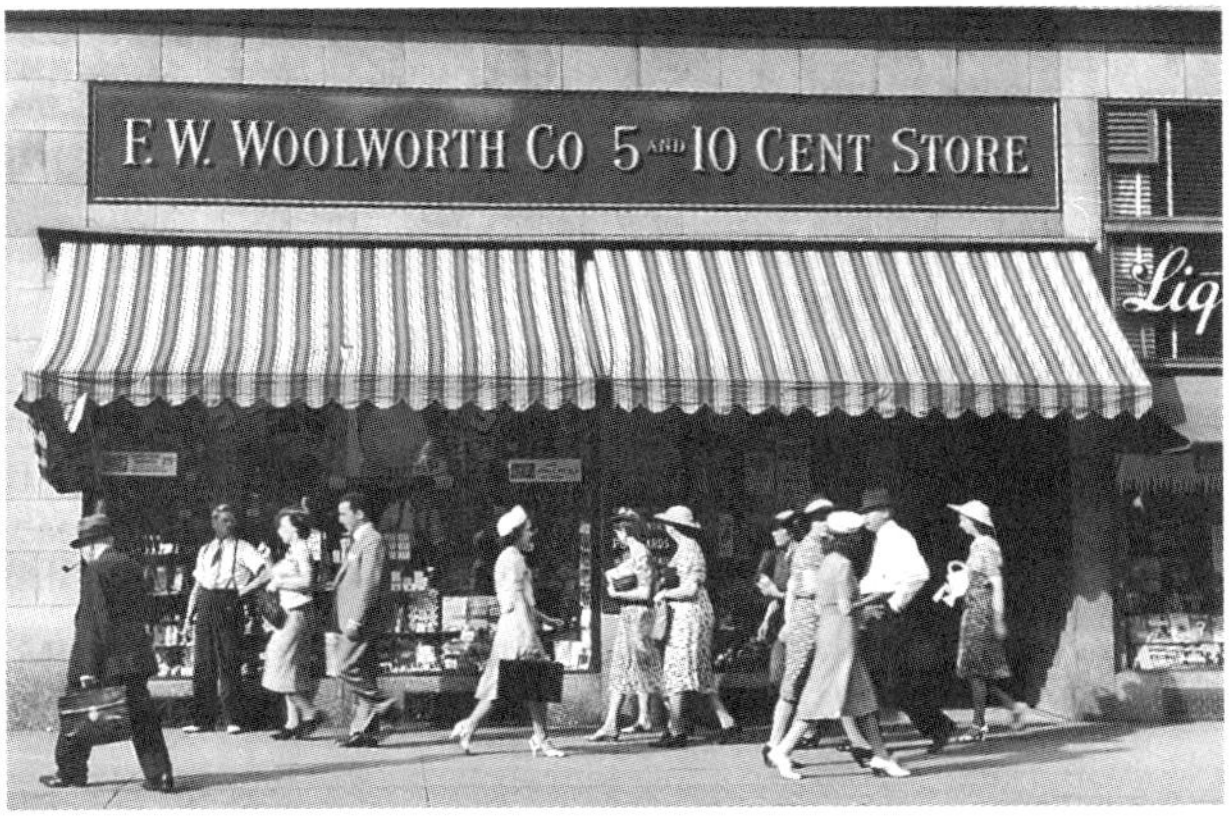

初期のウールワース（ニューヨーク）。

このような店舗の多さを背景にした購買力の強さは、供給業者との交渉でものをいい、安値で商品を仕入れることを可能にした。ウォルマート、イオン、アルディ、テスコ、カルフールといった現代の小売りチェーンにも受け継がれているこの小売り戦略は、顧客に安く商品を提供し、株主の利益を増大させる一方で、供給業者や独立系の小売り店を圧迫するものでもあった。

技術のイノベーションがもたらした薬物中毒

技術のイノベーションは薬物の摂取にも影響した。１８８０年代にジェイムズ・ボンサックが紙巻きタバコのローリングマシンを発明したことで、タバコ産業は一変した。１９１０年代に入る頃には、紙巻きタバコの消費が急増していた（米国の喫煙者数は１９６０年代にピークに達した。当時の米国では成人男性のじつに半数が日常的にタバコを吸っていた）。

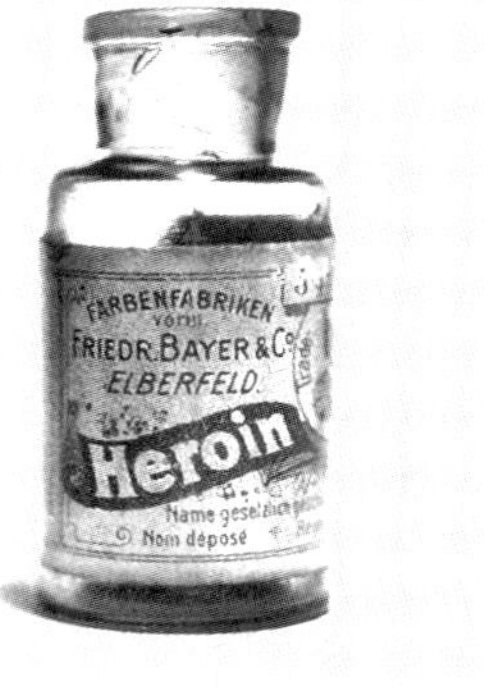

バイエルの咳止め薬はよく効く薬だったが、中毒性もあった。

ニコチンだけではない。製薬会社バイエルは１８９８年から１９１０年まで、ヘロインを市販の咳《せき》止め薬として販売し、コカ・コーラ社は20世紀初頭までコーラにコカインを添加していた。１９１３年には米国の医師の４分の１近くがモルヒネ中毒だといわれた。[4]

大規模な人口移動

当時は大規模な人口移動の時代だった。この頃もまだ、他国へ行くのにパスポートが求められることはほとんどなかった。かつてオーストラリアの金鉱に移民が殺到したときのように、この時代には海運の発展に促され、何百万もの人がロシアからカナダへ、ドイツからニュージーランドへ、オランダからインドネシアへと移り住んだ。

新しい船は鋼鉄で造られ、動力源に石炭を使っていた。１８５０年代に移住者がリバプールからニューヨークへ渡るのには53日かかっていたが、1910年代にはそれがわずか8日に短縮された。[5] 経済学者が移住者を考察の対象にするときは、安全や満足や生産性の向上を求めて新しい場所に移り住む人々として捉える。移住者は食べ物を求める単なる「胃袋」ではなく、ものを作る「筋力」も、新しいアイデアを生む「頭脳」ももたらす。移住者を単に新しい需要の源としてのみ見るのは間違っている。移住者は新しい供給の源でもある。

第一次世界大戦が招いた混乱

世界のこのようなつながりが第一次世界大戦で破壊された。第一次世界大戦は各国のあいだに強い商業的な結びつきがあったにもかかわらず起こった戦争だった（1914年には、英国のロイズはドイツの大半の海運業者の保険を引き受けていた）。[6] ヨーロッパの国々が次々と戦争に巻き込まれるにつれ、世界じゅうで貿易と移住が停止した。

戦争の発端は予期せぬものだったが、戦争の結末は最初から予想できるものだった。連合国（英国、フランス、ロシアとその同盟国）が中央同盟国（ドイツ帝国、オーストリア＝ハンガリー帝国とその同盟国）に物量ではるかに勝っていたからだ。人口は5倍多く、領土は11倍広く、収入は3倍多かった。[7]

この戦争が4年も続き、2000万人もの命が失われたのは、軍の指導部の無能さと、政治指導者たちの強硬な姿勢のせいだった。どちらにしても、ようやく戦争が終わったときには、経済基盤の大きいほうが勝利を収めていた。

ロシアでは、その後も混乱が収まらなかった。1917年のロシア革命は「平和と土地とパン」を約束するものだったが、実際にもたらしたのは、6年に及ぶ内戦と経済への壊滅的な打撃だった。

国民の平均収入はいっきに半減した。[8] 一部の都市では、カロリーの平均摂取量も半分に減った。戦闘と、飢饉と、感染症の蔓延のせいで死んだ人の数は、1300万人にものぼる。レーニン政権のもとで土地の私有は認められなくなり、土地の売買や賃貸は禁じられた。この禁がようやく解かれたのは1990年のことだった。

共有地（コモンズ）の悲劇

農家のグループが牧草地を共同で利用し、グループのメンバーなら誰でもそこで牛を放牧できるとしよう。その場合、過放牧を避けることは集団全員の利益になる。しかし個々の農家にとっては、自分が放牧させる牛を増やすことが利益になる。したがってメンバーが勝手なことをして、協力し合わなければ、容易に過放牧が生じてしまう。

このような共有地の悲劇は、「負の外部性」からもたらされる。負の外部性とは、市場価格に反映されないコストのことだ。この放牧地の例でいえば、牛が新たに一頭放たれるたび、生態系に負の外部性が加わる。その牛の所有者はその外部性をいっさい負担しないので、結果は破滅的なものになりうる。

例えば、カナダのニューファンドランド島沖で行われている鱈《たら》漁では、ソナーなどの新しい技術が導入されたことで、漁場が崩壊した。鱈の個体数は１９８５年から95年までのあいだに従来の水準のわずか１％にまで減った。[9]

エリノア・オストロムは伝統的な集団が共有資源を管理するためにどのようなルール作りをしているかを分析した。

また別の事例では、地域社会から画期的な解決策が生まれている。２００９年、エリノア・オストロムが女性初のノーベル経済学賞を受賞したのは、地域社会がどのように共有資源を管理しているかに関する研究によってだった。

ネパールでは、稲作農家が共同で水を管理し、ケニアでは、地域社会で協力して森林資源が管理され、インドネシアでは、漁業者たちが水産資源を慎重に管理していた。

オストロムの研究が教えてくれるのは、利用者が管理すれば必ずうまくいくということではない。そうではなく、利用者が管理することも可能であるということだ。成功した事例では、外部からルールを押しつけられるのではなく、地域の人々がルール作りに積極的に参加していた。利用者による管理がうまくいくのは、ルールが地域の人々によって執行され、対立を解消するための具体的な仕組みがあり、初めての違反はきびしく罰さない場合だった。共有地の悲劇はけっして避けられないものではない。

第7章

第一次世界大戦と大恐慌

敗戦国ドイツが見舞われたハイパーインフレ

第一次世界大戦が経済に与えたダメージは1918年の終戦以降も、長く尾を引いた。講和条約でドイツが要求された賠償金額は1320億金マルクにのぼった。これはドイツの戦前の資産のおよそ半分にも相当する額だ[1]。途方もない巨額であり、ドイツ経済が担える額を超えていた。ドイツ政府は初回の支払いから苦労するほどだった[2]。

この債務を返済するため、ドイツ政府は紙幣を刷り始めた。その量も桁外れに多かった。その結果発生したインフレで、ドイツマルクの価値はじりじりと損なわれていった。

インフレに苦しむドイツで、ほとんど価値を失った紙幣で遊ぶ子どもたち。

市民が自分の給料を家に持ち帰るのに、手押し車が必要になることもあった。

政府は次々と新しい紙幣を導入した。最初は1000マルク紙幣、次に100万マルク紙幣、その次に10億マルク紙幣、ついには1兆マルク紙幣まで導入した。1918年に1マルクで売られていた商品の値段が、1923年には1兆マルクになっていた。

ハイパーインフレで経済はめちゃくちゃになった。買い物客はどんなものでも分割払いで買って、部分的な支払いでものを手に入れた。未払いの代金は、結局、無価値になったからだ。レストランはたえずメニューを書き換えなくてはならなかった。タクシーは頻繁に運賃メーターを変更していた。１９２３年11月には、パンの値段が朝から夕方までのあいだに7倍に跳ね上がることがあった。[3]

最終的には、金を通貨価値の裏づけにする金本位制に復帰したことで、ハイパーインフレは収まり、１９２０年代末には、ドイツはある程度まで繁栄を取り戻していた。しかしやがて大恐慌に見舞われたとき、ハイパーインフレの記憶が政策立案者たちを過度に慎重にさせた。そのような経済的な混乱の中、１９３３年にヒトラーが首相に就任した。

「世界大恐慌」の始まりとその原因

「狂騒の20年代」には、欧米でジャズやダンスやアールデコが隆盛を極めた。ほとんどの先進国で個人消費が伸びて、飛躍的な経済成長が見られた。イェール大学の著名な経済学者アービング・フィッシャーは１９２９年10月15日の晩餐会のスピーチで、次のように述べている。「株価は永遠に高止まりしそうな気配です」。

しかしフィッシャーの予想は見事に外れた。わずか1週間後、株式市場は過去最大の下げ幅を記録した。これが大恐慌の始まりだった。１９３２年には米国の株式市場は１９２９年のピーク時と比べ、89%値下がりしていた。

この暴落の原因の一端は、投機にあった。株価が上がるにつれ、労せず金持ちになりたいという思いに駆られて、おおぜいの人がこぞって株を買っていた。実業家のジョゼフ・ケネディ（のちに米国の大統領になるジョン・F・ケネディの父親）は、それまで株とは縁のなかった階層の人々が株の話をし始めたとき、何かがおかしくなっていると友人に語った。「靴磨きの少年が株のアドバイスを始めたら、市場から手を引く頃合いだ」と。

しかし暴落を予想した者はほとんどいなかった。多くの人が借金で株を買っていたので、株の値下がりでたちまち無一文になった。世界のほかの国々の金融市場も、米国の株式市場の急落を受け、軒並み同じように下落した。

株式を買っていたのは人口の5分の1に過ぎず、5分の4の人は株を持っていなかったが（株を持っている靴磨きの少年はじつはそれほど多くなかったのかもしれない）、金融市場の崩壊の影響はすぐに経済全体に波及した。企業が投資を控え、市民が不安感から支出を控えるようになった。消費の減退は経済活動の停滞につながり、おびただしい数の人が職を失った。

米国では、失業率が25%に達した。これは求職している人の4人にひとりが職にありつけないという意味だ。ロンドンのハイドパーク、ニューヨークのセントラルパーク、シドニーのドメインといった公園にはテント村が設置された。とりわけ深刻な打撃を受けたのは南米諸国だった。大恐慌が権威主義的なナショナリズムの台頭を招いて、1930年、

大恐慌は世界じゅうに広がった。

アルゼンチンとブラジルでは軍事政権が成立した。

不況に対するふたつの異なる考え方

英国の経済学者ジョン・メイナード・ケインズは大恐慌の問題を研究し、問題が起こるのは人々が予期せぬ仕方で互いに影響し合うからだと論じた。彼はそれを蜜蜂の群れの例で説明している。蜜蜂の群れの中に質素な生活を送ろうとするメンバーが現れたとする。質素な生活を心がけるというのは感心なことのように思える。ところが、ある蜜蜂の消費とほかの蜜蜂の生産とは密接に結びついているので、消費しないメンバーが増えれば、群れはやがて崩壊し、その樹洞に暮らすすべての蜜蜂が苦境に追い込まれる。こういう状況を避けるためには、政府が（理想では公共事業に）お金を出して、経済を立て直すべきだというのが、ケインズの主張だった。

これは経済学者全員の一致した考えではなかった。中でも最も舌鋒《ぜっぽう》鋭く異を唱えたのは、オーストリアの経済学者フリードリヒ・フォン・ハイエクだった。ハイエクは不況を必要悪と見なしていた。ハイエクにいわせれば、危機前の政府の政策が、金利を過度に低下させ、企業に無分別な借金をさせたのであり、危機に直面して倒産したのは、そのような浅はかな企業だった。不景気は予防できる病気というより、飲みすぎたあとに必ず見舞われる二日酔いのようなものだというのがハイエクの考えだった。[4]

このふたりの分析からはそれぞれ道徳的なメッセージも容易に読み取れる。ハイエクにとって、不況とは悪い投資を一掃するものだった。ケインズは不況を不必要な苦しみと見ていた。ハイエクにとって、政府の介入は事態を悪化させるだけのものだった。ケインズは、経済循環をなだらかにするうえで、政府には果たすべき重要な役割があると考えていた。ハイエクは、民主的な政府が人々の自由を侵すことがあることを懸念する一方、場合によっては、一時的な独裁も必要だと主張した。

まったく対照的だったハイエクとケインズ

ふたりは私生活の面でも対照的だった。ハイエクは厳格な人柄で、オーストリアが戦争に敗れ、経済的に苦しんでいた時代に、冷淡な両親に育てられた。そのせいか愛想がなく、人と打ち解けなかった。ある伝記によると、親しい友人は生涯で3人しかいなかったという[5]。

一方、ケインズは自信に満ちあふれていた。経済学の勉強は空き時間にする程度で、ある試験で赤点を取ったときには誇らしげに次のようにいった。「出題者はぼくよりもはるかに経済学のことを知らないようだ」[6]。ケインズはピカソやルノワールやマティスの収集家でもあり、大金持ちの投資家だった。性交渉の日記もつけていた。その日記には、1909年に65人、1910年に26人、1911年に39人といった具合におおぜいの男や女との性交渉の記録が綴《つづ》られている[7]。

実際、ケインズの柔軟な精神やリベラルな世界観は彼の趣味の幅広さに支えられていたものだったといえるかもしれない。人づきあいにも長《た》け、妻リディアとともに、英国の作家や画家の集まりであるブルームズベリー・グループの一員だった。同グループのメンバーだった小説家バージニア・ウルフはケインズを「突き出た真っ赤な唇」と「小さな両の目」をした「二重顎」の「満腹のアザラシ」と評している。ケインズはコスモポリタンであり、楽天家であり、自信家だった。20世紀初頭の世界で経済学者として絶大な影響力を誇ったのには、そういった資質も役立っていた。

ケインズとハイエクの違いをラップバトルの形で表現したおもしろい動画作品がある。制作したのは映像プロデューサーのジョン・パポラと経済学者のラッセル・ロバーツで、次のようなかけ合いが繰り広げられている。

おれたち、一進一退の攻防、この百年間
[ケインズ] おれは市場を操りたい
[ハイエク] おれは市場を自由にしたい
好況と不況のサイクルは確かに存在し、恐れるのはもっともだ
[ハイエク] 悪いのは、低金利
[ケインズ] いやいや、違う、悪いのはアニマルスピリッツ

ケインジアンの考えでは、不況は自然災害のようなものとされた。それはわたしたちの誰もが被害者になりうるものだった。現代の政策立案者はたいがいケインジアンだ（ただし、政府がどれほどの規模の対策を取るべきかに関しては、意見が分かれる）。ハイエクに対しては

次のような批判がなされた。ハイエクの不況に対する態度は「凍った池に落ちて凍えている酔っ払いに対して、酔って熱くなりすぎたのがそもそもの原因なのだからといって、体を温めるための毛布と酒を与えるのを拒むのと同じぐらい不適切である」[8]。

ハイエクが今日の主流派の経済学に影響を与えているのは、景気循環に関する見解を通じてではなく、市場では個人がそれぞれの利益を追求することでおのずと秩序が生まれると説く、市場の「見えざる手」についての論述を通じてだ。

大恐慌が長引いた理由

1930年代の恐慌が「大恐慌」と呼ばれるのは、ひとつにはその期間の長さによる。世界の国々の中には、ケインズの説に耳を傾けず、緊縮財政を選んだ国もあった。それらの国は歳出を削減することで不況を乗り越えようとした。

ある研究によると、ベルギー、カナダ、デンマーク、オランダ、ノルウェー、英国では、株式市場の崩壊から10年経った1939年の時点でも、失業率が10%を超えていた[9]。1939年の実質所得は、多くの家計で10年前よりも低かった。

大恐慌がそれほどまで長引いた要因のひとつには、開放の後退があった。1930年、米共和党のリード・スムートとウィリス・ホーリーが2万品目以上の農業・工業製品の関税率を引き上げる法案を共同で連邦議会に提出した。

これに対し、自由貿易を支持する1028人の経済学者が立ち上がり、ハーバート・フーバー大統領にスムート・ホーリー関税法への拒否権行使を求める公開書簡を送った。しかしフーバー大統領はそれにかまわずに同法案に署名した。フーバーに限らず、当時の米国の政治家は、貿易問題に関しては経済学者の意見を無視することが多かった。

関税率の引き上げは、仕入れコストの増大という形で、米国の企業を苦しめた。自動車の部品が何百種類も関税率の引き上げ対象になった自動車産業は大打撃を受けた。ウール生地の端切れの関税率が2倍になったことで、端切れを使って安い服を製造していた繊維メーカーの経営も悪化した。[10]

ほかの国々も新たな関税でこれに対抗した。[11] フランスは自動車の関税率を引き上げて、事実上、米国の中価格帯の自動車を国内市場から締め出した。スペインはミシンや剃刀《かみそり》の刃やタイヤなど、さまざまな米国製品の関税率を引き上げた。カナダは関税率の引き上げに加え、反ダンピング税を導入した。

第一次世界大戦の終結後、移民はきびしく制限されるようになった。[12] カナダは、戦争で敵国となった国からの移民を一部禁じた。米国は移民を規制する法律を制定し、アジアからの移民を全面的に禁じるとともに、ほかの国々からの移民の受け入れも縮小した。

1930年代にはさらに政策が強化された。オーストラリアは移民に対し、オーストラリア人の平均年収の4分の1に相当する額の移民手数料を課した。タイはタイ語の試験と高額の居住許可書を導入した。ニュージーランドは移民省を廃止した。ヨーロッパから他国へ移住する人の数は1930年代には19世紀半ばよりも減ってしまった。

大恐慌は国際的な資本の流れも著しく鈍化させた。以前は数十年にわたり、高い利益率に引かれて、高所得国から低所得国へと投資が流れ込んでいた。それはしばしば移民の流れと軌を一にするものでもあった。大恐慌の発生で、対外投資の供給と需要の両方がともに落ち込んだ。20世紀初頭の30年間、ベトナムからブラジルまで資本投下の波が続いていたが、それも1930年代に弱まり始めた[13]。

大恐慌がもたらした進歩的な改革

しかし大恐慌は進歩的な改革へと向かう政治情勢を生み出すことにもつながった。そのような改革を主導したひとりが、労働者の権利を訴えたフランシス・パーキンズだった。

パーキンズは若い頃、146人の死者を出したニューヨークのトライアングル・シャツウェスト工場火災を目撃していた。死者の大半は若い移民の女性だった。犠牲者がそれほどまでに増えたのは、工員が勝手に休憩を取らないよう、外へ出るためのドアがふだんから施錠されていたせいだった。この経験をきっかけにパーキンズはニューヨーク市に就職して、市民の労働環境の改善や、女性と子どもの労働時間の上限規制に力を尽くした。

1933年、新大統領となったフランクリン・D・ローズベルトはフランシス・パーキンズを労働長官に任命した。女性が閣僚に就任するのは米国史上初めてだった。パーキンズはローズベルトのニューディール政策の要をなした社会保障法の立案にも貢献した。1935年に施行されたこの社会保障法には高齢者への直接給付が盛り込まれていて、以後数十年のあいだに高齢の困窮者の数は劇的に減った。

社会保障の原資は給与税だったが、納付額を上回る額の社会保障給付金を受け取ることができた。記念すべき最初の受給者となったバーモント州の教員アイダ・フラーは、1940年に給付金を受け取り始め、100歳で亡くなるまで受け取り続けた。彼女が退職まで社会保障のために納めていた税金は月25ドルだったが、受け取った給付金の総額は2万2889ドルに達した。インフレの影響を取り除いて計算しても、受け取った給付金額は納付額の200倍以上にのぼった。

ジョン・コビンソンが覆した経済学の定説

1930年代には、市場の失敗についての経済学者たちの考えも大きく進歩した。その

社会保障法に署名するローズベルト大統領（1935年）。フランシス・パーキンズも立ち会っている。

進歩に誰よりも貢献したのは、ジョーン・ロビンソンだ。ロビンソンは型破りな考え方や慣習に縛られない生き方を重んじる家庭に育ち、1931年、ケンブリッジ大学に入学した。当時ケインズ一色だったマクロ経済学よりも、ミクロ経済学に関心を持ち、アルフレッド・マーシャルの分析を検証した。

1933年、ロビンソンは『不完全競争の経済学』を刊行して、市場の機能に関する経済学の定説を覆した。マーシャルの経済モデルでは、多数の買い手と多数の売り手からなる市場があることを前提に、経済が考えられていた。確かに株式市場など、一部の部門にはそのようなモデルはよく当てはまった。しかし、東インド会社の場合はどうか。ロビンソンの研究が明らかにしたのは、活発な競争が行われているのは、ふつうの状態ではなく、むしろ特殊なケースであるということだった。多くの経済学者の研究では多数のプレーヤーがしのぎを削るダイナミックな市場が想定されていたときに、ロビンソンの分析は独占や寡占がありふれていることを示してみせた。

ロビンソンが提唱した「モノプソニー」という概念

ロビンソンは「モノプソニー」という概念も提唱した。これは（売り手ではなく）買い手が独占的な価格決定権を握っている状態のことだ。例えば、企業が1社しかない町では、雇用主が労働者に対してモノプソニーの力を行使して、相場よりも安い賃金で労働者を雇うことができる。あるいは、あるスーパーマーケットチェーンが食料品部門の大半を支配している場合、そのスーパーは農家に対してモノプソニーの力を行使して、競争市場の価格より安い価格で農家から商品を仕入れられる。

飽くなき好奇心の持ち主だったロビンソンは、どんな説も鵜呑《うの》みにせず、たえずそれがほんとうかどうかという疑問を抱いた。自説も例外ではなかった。『不完全競争の経済学』の刊行から36年後、同書を容赦なく批判する8ページの論文をみずから書いて、それを第2版の序文に掲えた。

優れた業績を上げていながら、ようやく教授に就任したのは1965年のことだ。すでに60歳をすぎていた。同じケンブリッジ大学の経済学の教授だった夫がその年に大学を退官しているのは、偶然ではないだろう。1975年には、ノーベル賞の有力候補といわれた。受賞者の発表日が近づくと、『ビジネスウィーク』誌が彼女の特集記事を組んだほどだった。しかし結局、受賞はかなわなかった。

国民所得を計測する試み

今日では、経済生産を算出できるのは当たり前と思われているが、近代的な国民経済計算が考案されたのは、1920年代から30年代にかけてのことだ。その目的は、生産と支出がいつ、どれだけ行われたかを正確に把握して、国民の総所得の変化を知ることができるようにすることにあった。

英国では、アーサー・ボーリーとジョサイア・スタンプが単年の包括的な分析に取り組んだ。その後、A・E・フィーバーイヤーがその分析を踏まえて、国民所得がどのように費やされているかを研究した。フィーバーイヤーは兎《うさぎ》の肉から宗教への寄付まで、あらゆるものを個別に見ていった。

そのほかに統計的な調査の先駆をなした経済学者にコリン・クラークがいる。クラークはケンブリッジ大学で輝かしい成功を収めながらも、政治の世界で苦杯をなめて（労働党から国政選挙に3度立候補し、3度とも落選）、オーストラリアに移り住み、そこで画期的な国民所得の推計値を発表した。米国では、サイモン・クズネッツと全米経済研究所（1920年創立）が中心となって、物価や収入、貯蓄、利益の統計データの収集と体系化が進められた。

そのようなデータの収集は、学者にとっても政策立案者にとっても有益だった。学者にとっては研究の役に立つ情報が得られたし、政策立案者にとっては、経済生産を計測できるようになれば、適切なタイミングで介入して、不況の回避を図ることができた。

統計学者の役割がけっして軽々しいものでないことは、独裁政権下での公式統計の扱われ方を見ればよくわかる。1937年、ヨシフ・スターリンが国勢調査の実施を発表した。ソ連で国勢調査が行われるのは10年以上ぶりだった。

スターリンは人口が急増していることをかねて自身の政策の成果として誇っていた。フィンランドの全人口を上回る数の人口の増加が毎年続いていると述べたこともある。これはでたらめだった。スターリンの政策は実際には飢饉と大量の移住を引き起こしていた。国勢調査の結果に示された人口は、案の定、スターリンの主張より1000万人以上も少なかった。

このときの国勢調査ではそのほかに、国民の大半が信仰を持っていることも明らかになった。これはソ連指導部の反宗教の立場と相反するものだった。スターリンは結果の公表を禁じた。国勢調査の責任者、オリンピイ・クビトキンは処刑された。

アフリカ系アメリカ人女性のセイディー・アレクサンダーが主張した「完全雇用」の重要性

セイディー・アレクサンダーは米国で初めてアフリカ系アメリカ人女性として経済学の博士号を取得した人物だ。両親はどちらも元奴隷だった。

ペンシルベニア大学で書いたその博士論文は、フィラデルフィア北部に移住した黒人の家庭をテーマに取り上げていた。アレクサンダーは100家族にインタビューし、生活水準と支出傾向を分析した。狭い家に大人数で暮らす家族が大半を占めたが、3分の2は外部からの支援を受けずに生活していた。そういう家族は、買い物のときに黒人であることを理由に高い値段を支払わされるのを避けるため、まとめ買いをしていることが多かった。

1921年、アレクサンダーは大学を卒業したが、経済学の世界では自分の能力に見合った職を見つけられなかった。そこでペンシルベニア大学に戻って、法律を学び、やがて夫の法律事務所に加わった。法律事務所では、フィラデルフィアの映画館やホテルでの人種差別待遇を廃止するため、夫とふたりで公民権訴訟に取り組んだ。ただし、彼女の演説は経済的な洞察に富んだものだった。[14]

ある演説では、貧しい白人を助ける政策が期せずしてアフリカ系アメリカ人に害を与えていることを指摘した。例えば、フランクリン・D・ローズベルト大統領の1933年の全国産業復興法によって一部の産業で賃金が引き上げられたとき、その産業の雇用主たちは黒人を解雇して、代わりに白人を雇用し始めた。アレクサンダーは同法を「黒人削減法」と呼んだ。

人種差別を撤廃するためには、完全雇用が不可欠であるというのがアレクサンダーの考えだった。黒人は「最後に雇用され、最初に解雇される」ので、不景気の煽《あお》りをいちばんもろに受けた。完全雇用には人種問題に対する人々の意識を高める効果もあった。完全雇用は白人労働者の「職を奪われる不安」をやわらげることで、民主主義を強化できる。労働市場が活発になれば、扇動政治家の地盤の拡大を防げると、彼女は主張した。彼女に先見の明があったことは、最近の研究で、経済危機下でに右派ポピュリストが政権を取りやすいことが明らかになったことに示されている。[15]

第8章

第二次世界大戦とブレトンウッズ

「ファンダメンタルズ」から予想できた第二次世界大戦の結果

ファシズムが台頭したとき、連合国はヒトラーに対して誤って宥和《ゆうわ》策を取ってしまった。1938年のミュンヘン協定はドイツにズデーテン地方の割譲を認め、1939年の独ソ不可侵条約はドイツのポーランド侵攻をお膳立てした。

経済的な要因もあった。日本が帝国主義的な野心に駆られたのは、ひとつには国内のエネルギー資源が乏しいせいだった。ハイパーインフレと第一次世界大戦の莫大な賠償金は多くのドイツ人に憤りを抱かせた。ドイツのロシア侵攻は、黒海とカスピ海に挟まれた地域にある油田を獲得しようとして企てられたものだった。[1]

経済学の観点から見れば、第二次世界大戦の結果はファンダメンタルズ（経済の基礎的条件）から予想できたはずだった。米国の南北戦争や第一次世界大戦同様、開戦時の資源面の優位さが最終的な勝者に強く有利に働いた。連合国（英仏とその同盟国）は枢軸国（日独伊とその同盟国）と比べ、人口で2倍、領土の面積で7倍、収入の総額で1・4倍勝っていた。[2]

戦争の初期にドイツが勝利を重ねられたのは、エルビン・ロンメルなどの優れた軍事指揮官の能力や、「電撃戦」や「機動戦」といった戦術に多くを負っていた。ある経済史家が述べているように、「ナチスと対峙した国々はすべて、ポーランドも、オランダも、ベルギーも、フランスも、ユーゴスラビアも、ギリシャも、英国も、米国も、ロシアも、戦術と実行の両面において、大なり小なり、同じように誤りを犯した。少なくとも最初の交戦とその後のかなりの数の交戦においてはそうだった[3]」。

第二次世界大戦は工業生産の戦いだった

ただし第二次世界大戦では、最終的な勝敗を決した一戦というものはなかった。[4] 真珠湾も、ミッドウェー海戦も、クルスクの戦いも、スターリングラードの戦いすらもそうではなかった。第二次世界大戦は第一には工業生産の戦いであり、連合国側が工業生産に欠かせない資源に勝っていた。このことは戦争の半ばからすでに明白だった。ヒトラーのドイツがヨーロッパの国々を次々と併合する一方で、米国とソ連が連合国側に立って参戦したからだ。

1942年にも連合国は人と、領土と、収入の面で決定的な優位を保っていた。その差は航空母艦の数にも見て取れた。日本は戦争の初期に戦略的要衝を制圧したが、連合国が大戦中に建造した航空母艦の数は、大戦中に両陣営で建造された全航空母艦数のじつに10分の9を占めていた。

国によって戦争の遂行に経済をどの程度振り向けるかは違った。[5] イタリアは第二次世界大戦に経済の4分の1以上を割くことは一度もなかったが、日本はピーク時には経済の4分の3以上を軍事に注ぎ込んだ。英国とロシアも、経済生産の半分以上を戦争に費やした。一方で、米国のその割合は5分の2だった。

これをすべて合わせると、連合国にかなりの分があった。軍需品の生産についていえば、連合国は、銃でも、戦車でも、戦闘機でも、迫撃砲でも、戦艦でも、枢軸国の2倍以上の数を生産していた。

戦いが長引くにつれ、経済へのダメージは第一次世界大戦のとき以上に深刻なものになった。その大きな理由は、大戦間に兵器が著しく進歩したことにあった。空では、第一次世界大戦で活躍した複葉機や飛行船はもはや主役ではなくなり、爆撃機の編隊が焼夷弾《しょういだん》（や最後には核爆弾）で都市を破壊した。海では、航空母艦が投入され、戦艦どうしが互いの姿を見ることのない海戦が繰り広げられた。

長距離爆撃機も、ジェット戦闘機も、自動追尾型の魚雷も、巡航ミサイルも、すべて第二次世界大戦のときに登場した兵器だ。最終的な第二次世界大戦の死者数は、第一次世界大戦の死者数の3倍に達した。

計量経済学の進歩

新兵器の発明に加え、第二次世界大戦では計量経済学も進歩した。経済の問題を考えるのに統計学の手法を取り入れたのが計量経済学だ。

当時の主な関心事のひとつに、爆撃機のどこを補強すれば、敵の砲火に耐えて、帰還できる確率を高められるかという問題があった。素朴に考える者たちは、戻ってきた機体の底部に注目し、機尾に特に多くの損傷が見られたことから、その部分の補強を提案していた。

しかし数学者で、ハンガリーからのユダヤ人難民だったエイブラハム・ウォールドは、

データからは撃墜された爆撃機のことがごっそりと抜け落ちていた。

そこに重大な見落としがあることに気がついた。それらの者たちが目を凝らして見ていたのは、爆撃機が持ちこたえることができ、帰還には影響のない損傷だった。帰還した爆撃機の中に機首に損傷を負った機体が一機もないことは、補強しなくてはならないのは機首であることを示していたのだ。ウォールドのこのような手法は現在の計量経済学でも用いられている。

ブレトンウッズ協定で築かれた平和のための経済構造

第二次世界大戦後の平和が長く続いたのは、各国が第一次世界大戦後の教訓から学んだことも理由だった。米国はマーシャルプランを通じて、西ヨーロッパの復興のために130億ドルを拠出した。これは西ヨーロッパの年間の経済生産の約3%に相当した。[6] ドイツと日本では、占領国が復興にかなりの力を入れた。その結果、両国とも30年で先進工業国の仲間入りを果たした。

平和の維持につながる国際的な経済構造を築くにあたっては、経済学者たちが中心的な役割を果たした。1944年、米国ニューハンプシャー州のブレトンウッズで、連合国全44カ国の代表が一堂に会する会議が開かれた。

ケインズも英国の代表として、出席した。第一次世界大戦後に犯した間違いは避けたいという思いがケインズにはあった。米国からは、ロシアのスパイだったのではないかといわれているハリー・デクスター・ホワイトが出席した。フランスの代表は、名札を書く係には国名を間違える心配がなくて喜ばれたに違いないピエール・マンデス・フランスだった。

この史上稀《まれ》に見る会議は、経済的な孤立主義を終わらせることで合意し、貿易と資本移動が世界をより豊かで、より安定したものにすることを確認した。また最貧国の生活水準を引き上げることを目指す世界銀行と、各国が金融危機を避けられるよう支援する国際通貨基金（ＩＭＦ）の創設にもつながった。

このときに結ばれたブレトンウッズ協定では、ドルだけ金との交換比率を固定し（1ドル＝金35分の1オンス）、ほかの国々の通貨とドルの交換比率を固定するという形で、金本位制に回帰することが決まった。ただし、銀行券を金に交換できるのは、公的な国際取引に限定されていたので、実際にそうされることはめったになかった。

ビル・フィリップスが考案した「MONIAC（貨幣国民所得アナログコンピュータ）」

マクロ経済学者は戦後も引き続きケインズの学説を土台にしていた。当時、ある異色の経済学者が注目を浴びた。その名はビル・フィリップスといった。フィリップスはニュージーランドの酪農家に生まれ、映画館を営んだり、金の採掘を手がけたり、ワニ猟に携わったりしたあと、第二次世界大戦時に技師としての訓練を受けて、軍に入り、日本の強制収容所で3年を過ごすことになった。強制収容所では、ほかの捕虜たちに中国語を教わったり、秘密に無線機を作るのを手伝ったりした。戦争が終わると、ロンドン・スクール・オブ・エコノミクスの社会学科に入学したが、ほどなく経済学科に移った。

1949年、フィリップスは家主に作業場として借りたガレージで、送水ポンプを使って、経済の仕組みを表す水理模型を作った。[7] もとは補助教材として考案した装置だったが、経済政策の変更の影響をシミュレートするのに便利であることがわかった。この装置を使うと、政府の歳出や税制を変えることで収入の「循環的な流れ」がどう変わるかを示すことができた。合計で十数台作られたが、そのうちの1台はケンブリッジ大学にあり、今も使われている。

ビル・フィリップスとMONIAC（貨幣国民所得アナログコンピュータ）と名づけられた装置。

ポール・サミュエルソンが刊行した教科書とそこで重視された「比較優位」の概念

ケインズのモデルを発展させたのは、マサチューセッツ工科大学のポール・サミュエルソンだった。サミュエルソンの「プラグマティックなケインズ主義」では、価格や賃金が硬直していると、市場に頼るだけでは完全雇用を実現できないので、危機時には、政府による介入が経済的に正当化されると論じられた。

経済学者は本より論文で自説を発表することが多いが、教科書も重要だ。1948年に刊行されたサミュエルソンの教科書は数ある教科書の中で最も重要なものとされている。サミュエルソンはケインズの『雇用、利子および貨幣の一般理論』について、「まぎれもない名著」だが、相反する記述のせいでわかりにくく、説明の仕方はよくないと感じていた。そこで数式が経済学の自然言語だと考えるサミュエルソンは、ケインズの学説の数学的な形式化に取り組んだ。この作業は経済学をストーリーテリングから引き離し、方程式の学問へと進ませるのに役立った。サミュエルソンは満足げに次のように書いている。「国の法律が誰の手で書かれようがわたしはかまわない。この教科書を書いていられるかぎりは」。

サミュエルソンの教科書で重点を置かれた概念のひとつは、1世紀以上前にデイビッド・リカードが提唱した「比較優位」だった。この概念が示しているのは、2国が貿易をすると、両国がともに利益を得られるということだ。各国の差が貿易の要をなしている。各国が貿易を行うのは、ある農作物がよく育つ国と育たない国があるからであり、あるものの製造に長けた国があるからであり、賃金の安さのおかげで労働集約型の商品の製造コストを安くできる国があるからだ。

ブラジルのコーヒー豆や、スイスの時計や、バングラデシュの織物はそれぞれ輸出品に各国の特徴が表れることを示している。サミュエルソンは晩年、まったき真でありながらすぐには真とはわからない命題の、社会科学におけるいちばんの好例として、比較優位を挙げた。

1930年代の政策立案者たちはこの比較優位の洞察を忘れていた。その結果がスムート・ホーリー関税法から始まった保護主義の台頭と貿易量の減少だ。それでも第二次世界大戦の終結後、貿易はまた増加に転じた。1947年には世界貿易の5分の4以上を占める国々が「関税及び貿易に関する一般協定（GATT）」を締結した。これは締結国のあいだで4万5000品目の関税率を引き下げることを定めた協定で、100億ドルの世界貿易に大きな影響を与えた。

「ベバリッジ報告」とその理念

第二次世界大戦下では社会保障制度も急速に拡大した。各国で増税が実施され、食料や衣類の配給制が導入され、給付金が支給された。大恐慌の記憶と戦場での過酷な体験から、戦争が終わったらもっと公正な社会を築こうという思いを抱く人がおおぜいいた。

英国では、1942年、経済学者のジャネット・ベバリッジとウィリアム・ベバリッジが5つの害悪（不潔、無知、欠乏、怠惰、病気）を指摘する報告書を発表し、失業者や病人や高齢者を救う公的保険制度の創設を提案した。

ベバリッジ報告の理念は、ビスマルクの改革の理念とは違っていた。ビスマルクの改革は各個人に将来に備えて積み立てさせるという発想のものだったが、ベバリッジの提案は、国民全員が対象になる公的制度を構想したものだ。１９４５年、そのような社会制度を求める機運が高まる中で総選挙が実施され、チャーチル政権は敗北し、労働党が「ゆりかごから墓場まで」生活を保障する社会的セーフティーネットの創設を約束して、政権の座に就いた。

増大する政府の役割

この社会福祉制度の拡大は、経済における政府の役割の増大と並行して進んだ。先進国の経済に占める政府支出の割合は、１９３７年に平均24％だったものが、１９６０年には平均28％まで上昇した[8]。

戦後、英国は鉄道、炭鉱、電力、鉄鋼産業、それにイングランド銀行を国有化した。フランスでも戦時中にナチスと協力していた自動車メーカーのルノーのほか、ガスと電力、それに銀行と保険会社の大部分が国有化された。ニュージーランドではニュージーランド銀行が国有化された。第二次世界大戦で中立を保ったスウェーデンは、鉄道の国有化のプロセスを完了した。

どの先進国でも、そのように政府の役割が増えると、それだけ国民が納める税金も増えた。第二次世界大戦以前、多くの国では一般の労働者は所得税を課されていなかった。所得税の課税対象がほぼ労働者全体にまで拡大されたのは、第二次世界大戦からだ。

この拡大に役立ったのは、源泉徴収制度、つまり給与からあらかじめ所得税を差し引いて、それを国に納めることを雇用者に義務づける制度の導入だった。労働者はいつでも自分が納めた税額を知ることができたが、はじめから受け取っていないお金なので、国に取られても、取られている実感が薄かった。

第9章

黄金の30年？

収入も就職も「運」が左右する

人生は驚くほど偶然に左右される。あなたの両親がかつて愛し合ったとき、あなたを作ることになる精子と卵の組み合わせが生まれる確率は、宝くじに当たるよりも低かった。世界に広く目を向ければ、どの国に生まれるか、どのような社会的地位の両親のもとに生まれるかで、どれだけの収入を得られるかがほぼ決まっている。[1] 自分で自分の両親を選んだと考える人でない限り、それも運ということになる。

労働市場も運で決まる要素にあふれている。たまたま世の中が不景気だったときに高校を卒業した人は、就職に苦労するだろう。そのハンディキャップを10年以上も背負い続ける人もいる。人によっては安定した仕事に就いたはずだったのに、新しいテクノロジーの登場で失業することもある。

小さな町の大企業が倒産すれば、その町の住人全員が職を見つけることはほぼ不可能になる。障害を負う（先天的なものから労災によるものまで）という不運のせいで、ひとりで食べていくだけの収入を得るのがむずかしくなることもある。さらに、長生きしても、貯蓄が尽きて生活に困るという場合がありうる。これは長く生きられたという点では幸運でありながら、老後の社会保障が貧弱な国に生まれたという点では不運であるケースだ。

累進課税と所得の再分配

戦後、幸運な者たちから不運な者たちへの再分配が社会保障制度と税制度を通じて進められた。所得税は強い累進課税となった。累進課税とは、所得の多い人ほど、高い税率を課される課税方式だ。

ビートルズは「タックスマン（税務官）」という曲を書いて、その歌詞の中で税務官に「あなたの取りぶんは1」で「われわれの取りぶんは19」だといわせている。これは誇張ではなかった。当時、ビートルズのメンバーは最上位の所得区分に入っていて、95％という超

労働組合は賃上げ、安全な労働環境、差別禁止法を求めて運動した。

高税率を課されていた。つまり20ドル稼ぐごとに、19ドルを税金に取られていたのだ。数年後、同じ英国のバンドであるローリング・ストーンズは税を逃れるため、国外へ脱出した。このときに「亡命」先で作られたのが、大ヒット作『メイン・ストリートでの亡命生活』（邦題『メイン・ストリートのならず者』）だった。

労働組合が変えた職業生活

労働に関しては、労働組合がどんどん力をつけて、職業生活のあらゆる面に影響を及ぼすようになっていた。労働組合の活動の仕方は千差万別だった。スウェーデンでは、労働組合の全国連盟が中央使用者団体と交渉して、全国の賃金協定を結んだ。オーストラリアでは、労働裁判所で賃金の問題が論じ合われた。米国では、各労働組合が会社の経営陣と直接交渉した。宗主国の統治下にあった国々では、労働組合が国の独立や自治権の拡大を求める運動の先頭に立った。

賃金のほかに、病欠や、休暇や、休日出勤手当や、安全基準や、差別禁止法や、雇用保障といったものもすべて、世界じゅうで、労働組合の努力で形成されたものだった。あなたが労働組合に入っていなくても、もし労働組合がこの世に存在していなかったら、あなたの仕事は今とはかなり違うものになっていたはずだ。

多くの先進国では、戦後の数十年で労働組合が急成長を遂げた。１９７０年代には、経済協力開発機構（ＯＥＣＤ）加盟国では労働者の３人にひとりが労働組合に加入していた（現在、その数字は６人にひとり以下にまで減っている）[2]。戦後、労働組合の強さが増した背景には、経済構造の影響もあった。労働組合の結成とは、職場全体で団結しようとする従業員と、新しい職場を作ってそれを阻止しようとする使用者との争いと見ることができる。スタートアップ企業より工場や公共部門で労働組合の結成率が高い理由も、それで説明がつく。

多くの国で、強力な製造業が労働組合結成の豊かな土壌になり、さらにそこから生まれた労働組合が製造業で働く人々に賃金の上昇をもたらした。１９５０年代から60年代にかけて、正規の教育を受けていない労働者が中流の暮らしを手に入れるのを可能にしたのは、製造業だった。

格差のふたつの理論

ただし戦後は、正規の教育を受けた労働者が増えた時代でもあった。初等及び中等教育の修了率が上昇し、高等教育もしだいにめずらしくなくなった。これが大きな要因となって、戦後、多くの先進国で格差の縮小が進んだ。

格差は教育と科学技術の相対成長で決まるという格差理論がある。[3] その理論によると、科学技術が進歩しながら教育が停滞すると、格差が拡大しやすくなるという。逆に、新しい科学技術の登場を上回るペースで教育水準が向上すれば、格差は縮小する。したがって、すべての人にすばらしい教育の機会を与えることが、格差を縮小する最善の方法になるというのがこの理論の主張だ。

また別の有名な格差理論（教育と科学技術の競争という説とも矛盾しない）では、経済成長率（g）と資本収益率（r）との差が問題にされている。土地や株式といった資本資産は、富裕層に偏りがちなので（現在、世界の上位10％の富裕層が世界の富のじつに76％を所有している）、資本収益率が高いと、最も富裕な者たちに過度に利益が集中してしまう。[4]

フランスの経済学者トマ・ピケティは著書『21世紀の資本』で、r＞gのとき、格差が拡大するという説を唱え、何もしなければ人間の社会はおのずとそうなると論じている。

格差が縮小した戦後の数十年間

戦後の数十年間は、逆に多くの先進国で資本収益率が長期平均を大幅に下回る一方、経済成長率は過去の平均をかなり上回っていた。$r<g$になったことで、多くの高所得国で格差が縮小した。先進各国で雇用が増え、賃金の上昇ペースが利益の上昇ペースを上回り、工場労働者の給与の上昇ペースが役員の給与の上昇ペースを上回った。

これは世界的な現象だったが、各国はそれぞれ自国の成功に誇りを抱いた。フランス人は戦後の30年間を「栄光の30年」と呼んだ。イタリア人は「経済ブーム」といい、スペイン人は「スペイン経済の奇跡」と名づけ、ドイツ人は「ライン川の奇跡」と称した。

筆者自身の調査では、高成長をもたらした政権ほど選挙で再選されやすい傾向がある。一方、有権者はその政権がたまたま世界経済の好況時に政権を担ったおかげで高成長を成し遂げられたのか、それとも実際に優れた手腕を発揮して世界平均を上回る成績を収めたのかを、うまく見きわめられない。[5]

この輝かしい30年間は幸運な政治家を生んだだけではなかった。ヨーロッパの多くの人が初めて自動車を手に入れ、多くの米国人が初めて冷凍庫を買った時代でもあった。テレビとレコードプレーヤーも急速に普及した。貧富の差を縮小する大きな推進力になったのは、持ち家率の向上だ。例えば、第二次世界大戦の終結時、英国では持ち家率は23％だった。それが1970年代末には58％近くにまで高まっていた。[6]

戦後の数十年間には、大規模な女性の社会進出も見られた。経済学者以外のあいだでは社会規範の変化がその要因として挙げられることが多い。しかし経済学者は科学技術と政策の役割も大きかったと指摘している。電気式調理器や掃除機、水道、冷蔵庫、洗濯機は家事の手間を減らし、多くの女性の生活を変えた。避妊薬は、女性が自分で子どもを作る時期を選べるようにした。こういったことが高等教育を受けようとする女性の増加につながったと、クラウディア・ゴールディンなどの経済学者は分析している。

フランチャイズ方式の拡大

起業の世界では、フランチャイズ方式という新しいハイブリッドが生まれた。これは小さな会社を自分で立ち上げることと、大企業の株式を買うこととを組み合わせたハイブリッドだった。

1953年、リチャード・マクドナルドとモーリス・マクドナルドという兄弟がアリゾナ州フェニックスでレストラン「マクドナルド」のフランチャイズ展開を始めた。豪腕ビジネスマン、レイ・クロックがこの店に目を留めたのはその翌年だった。クロックはフラ

初期のマクドナルドの店舗（1950年代）。

ンチャイズ方式を使って、やがてマクドナルドを世界的なレストランチェーンへと発展させることになった。

ホテルやスーパーや不動産業でも、フランチャイズ方式は盛んに活用された。フランチャイズ方式のもとで加盟店は全国的な広告キャンペーンや規格大量生産の恩恵を受けられたが、一方で、本部からリスクの大半を負わせられることもあった。規模の小さい加盟店は、規模で勝る本部との交渉で不利な立場に置かれたからだ。

エアコンの普及が可能にした人口の移動

新しい科学技術の導入は予期せぬ影響ももたらした。1955年、米国のエアコンの普及率は50世帯に1世帯だった。それが1980年には過半数の世帯にエアコンがあった。ほかの国々でもエアコンは急速に普及した（現在、世界のエアコン数は20億台を突破している）。その結果、多くの先進国で赤道方向への人口移動が可能になった。米国人はフロリダへ移住し、オーストラリア人はクイーンズランドへ移住した。シンガポールやドバイ、ドーハといった赤道直下や砂漠の都市が一躍人気の移住先になった。エアコンという新しいテクノロジーによって世界は文字どおり再編された。[7]

ゲーリー・ベッカーによる犯罪のコスト計算

経済学の範囲がほかの学問領域にまで広がり始めたのも、この時代だ。ある日のこと、経済学者のゲーリー・ベッカーが会議に遅れかかっていた。[8] 駐車場に車を駐めていたら、確実に遅刻しそうだった。路上に違法駐車する以外、会議に遅れない方法はなかった。ベッカーは違反切符を切られる確率をざっと計算して、それに罰金額をかけ、次のような結論に至った。予想されるコストは、会議に間に合うことで得られる便益より小さい、と。

この経験から生まれたのが、「罪と罰──経済学的なアプローチ」という先駆的な論文だ。[9] ベッカーはこの論文で、犯罪者を愚か者と見なさず、もし犯罪者がわたしたちと同じように自分の幸せを最大化しようとしたら、どういう行動を取るかと考えた。そこから得られた洞察のひとつが、犯罪を抑止できるかどうかは、罰則と、発覚の可能性の両方で決まるということだ。潜在的な犯罪者があまり将来のことは考えず、目先の利益ばかりを追うとすれば、警察のパトロールを2倍に増やすほうが、懲役の長さを2倍にするより、安いコストで路上犯罪を減らせるだろう。

競争が差別撤廃の一助となる

ベッカーの論文は差別研究にも経済学の手法を持ち込んだ。[10] 人種差別主義の雇用者は高い賃金を払わざるを得なくなるというのがベッカーの結論だった。人種差別主義の雇用者はマイノリティーの求職者を雇わないぶん、自分が雇いたいと思っている人材のプールをみずから小さくしてしまう。したがって同じ水準の能力を持った者を雇おうとすれば、人種差別主義ではない雇用者に比べ、より高い賃金を支払うことになる。競争市場では、雇用者の偏見は顧客に共有されていないので、人種差別主義者であることは利益を低下させる。

ベッカーの論文で示唆されているのは、競争が活発なほど、人種差別主義の雇用者は経済的に苦しくなるということ、そしてその結果、人種に関係なく最もふさわしい人材を雇おうとする経済的なインセンティブを与えられるということだ。同じことはほかの差別にもいえる。男女差別にも、年齢差別にも、宗教的マイノリティーへの差別にも、障害者への差別にも、性的マイノリティー（LGBTIQA+）への差別にも当てはまる。競争だけで差別は撤廃できないが、そのための一助にはなる。

応用経済学の進歩と相関関係と因果関係の区別

この時代には、応用経済学も進歩した。特に重要なのは、相関関係を因果関係と区別したことだった。靴のサイズが大きい人はたいてい背も高いが、大きい靴を履いたからといって、背は伸びない。屋台のアイスクリームを食べる人は日焼けしやすいが、屋台のアイスクリームを食べるのをがまんしたからといって、かんかん照りの日に外にいたら、日焼けを防ぐことはできない。

経済学の領域では、対外援助がその国の経済成長にどの程度の影響を及ぼしたかを見きわめることや、輸出が企業の業績にどの程度の影響を与えたかを明らかにすることは、殊の外むずかしい（対外援助はたいてい窮状にある国に対して行われ、グローバルに事業を展開する企業はたいてい経営手腕も優れているからだ）。

世界をつなげた輸送コンテナ

1950年代初頭、埠頭《ふとう》は段ボール箱やドラム缶や木箱で埋め尽くされていた。船

大型船は1万個以上のコンテナを運べる。

に荷物を積み込む作業では、鋼索のリールや、ぐらぐらした木材の束や、綿花の俵や、オリーブの樽《たる》をひとつひとつ引っ張り上げなくてはならなかった。

積み荷の損傷は日常茶飯事だった。作業員がけがをしたり、命を落としたりすることもめずらしくなかった。すべての荷物を積み込むまでには毎回数日かかった。ときに荷物の積み降ろしの費用だけで輸送費の総額の半分を占めた。したがって多くの商品は、貿易ではとうてい扱えなかった。

現代の輸送コンテナを発明したのは、米国のマルコム・マクレーンという運送業の起業家だ。輸送コンテナの初航海は1956年4月26日。SSアイディアルX号に58個のコンテナが積まれ、ニュージャージーからテキサスまで運ばれた。マクレーンのコンテナには、クレーンで持ち上げやすいよう、四隅にツイストロックと呼ばれる新しい装置がついていた。

その後、マクレーンをはじめ、運送業に携わる者たちのあいだで、仕様に関する議論が数十年にわたって繰り広げられ、コンテナの標準仕様が決まった。現在、世界で使われている大半の輸送コンテナは、高さ2・6メートル、幅2・4メートル、奥行き12・2メートルというサイズだ。耐荷重は30トン。現代のコンテナ船は何百メートルもの長さがあり、何千個ものコンテナを積載できる。コンピュータで制御された積み降ろしの作業は、数時間で終わる。その間、船体の揺れもコンピュータによって抑えられている。

規格化された輸送コンテナの登場で、輸送費はほとんどかからないといえるほどにまで下がった。今のように世界がつながり合うようになったのは、この規格化された鋼鉄の箱のおかげだった。

実験科学では、研究者が試験管の中に何を入れるかをコントロールしているが、現実の人間を相手にするときには、なかなかそうはいかない。それでも薬学では、第二次世界大戦の終結からまもない頃、無作為化比較試験が取り入れられ始めていた。結核の治療法やポリオのワクチンの開発において、無作為に患者を選んで偽薬を与え、その結果と比較するという手法が用いられていた。

社会科学者たちはそれを見て、自分たちの分野でも同じ手法が使えないかと考えた。政策の無作為化試験が大きな進歩を遂げたのは、幼少期における介入の効果を調べた1962年のふたつの社会実験によってだった。ひとつはテネシー州で行われた「早期教育プロジェクト」、もうひとつはミシガン州で行われた「ペリー就学前プロジェクト」だ。どちらの社会実験でも、貧困家庭の未就学児に質の高い早期教育を受けさせることで、どういう効果があるかが探られた。

被験者たちが成人する頃には、はっきりとした差が現れた。早期に介入を受けた被験者は対照群の被験者よりも収入が多く、逮捕率が低かった。この教育プログラムをきっかけに早期教育に対する経済学者たちの認識が変わった。また相関関係と因果関係を見分ける手段として、無作為化への関心がますます高まった。

進む経済統合とその利点

戦後の数十年間は、経済統合も進んだ。関税及び貿易に関する一般協定（GATT）の締結後、各国のあいだで重要な関税の協定が1949年、51年、56年、62年、67年、79年、94年と数次にわたり結ばれた。

1957年には、ヨーロッパ経済共同体（EEC）が6カ国で発足し、加盟国のあいだ

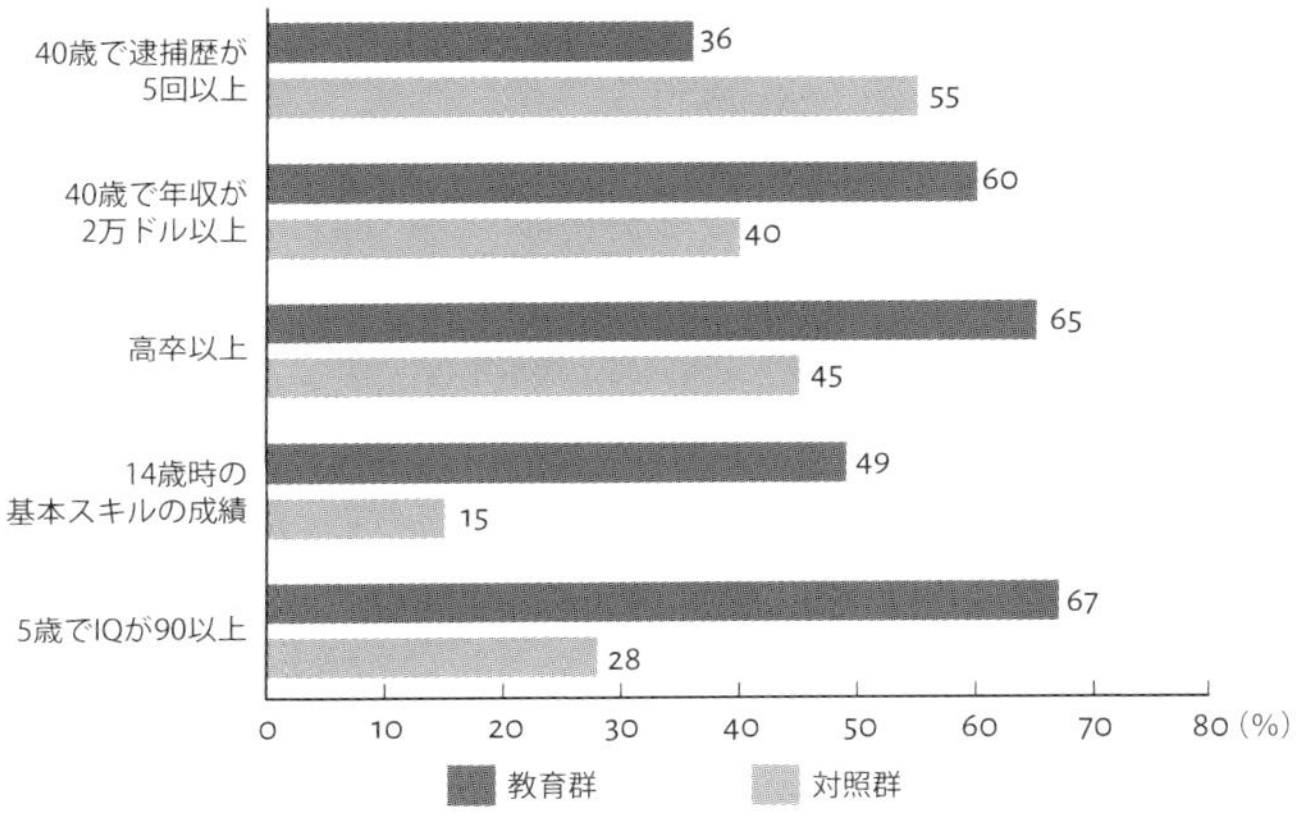

ペリー就学前プロジェクトの無作為化試験では、教育プログラムを受けた「教育群」と、受けなかった「対照群」とで大きな差があることが示された。

ですべての関税が撤廃された。ＥＥＣの加盟国は、その後の数十年間、着実に増え続けた。１９９３年に誕生した欧州連合（ＥＵ）は現在、27の加盟国と4億人以上の人口を擁し、世界最大の貿易圏となっている。[11] ＥＵに加盟すれば、民主主義の大国で当たり前になっている恩恵の多くを小国の国民も享受できる。ルクセンブルクは人口65万人ほどの国だが、国民はＥＵ域内を自由に移動できるほか、ＥＵのどの国でも仕事に就け、商売を営める。

空の旅がもたらしたすばやい決済手段

空の旅はかつては超富裕層でなければ手が出ないほど高価だったが、年々値下がりした。航空運賃の相対価格は、１９６０年代の10年間で4分の1ほども下落した。その一方で、飛行速度は倍近くまで速くなった。[12] 1970年には、世界初のワイドボディ機〔客室の通路が1本ではなく2本ある旅客機〕で、約400人を乗せられるボーイング747が就航した。

旅客機の利用客が増えるにつれ、新たな問題も生まれた。当時は、乗客の多くが空港でチケットの代金を支払っていたので、決済処理の遅いクレジットカードのせいで支払いに手間取って、搭乗予定の飛行機に乗り遅れるということが起こるようになった。そこで1970年、そのようなトラブルをなくそうと、アメリカン航空、IBM、アメリカン・エキスプレスの3社によって、シカゴのオヘア空港で世界で初めて磁気ストライプ型のクレジットカードの実証実験が行われた。

すばやく決済をすませられるこの技術は、空の旅にだけでなく、買い物全般にもとても便利だった。その結果、個人の負債が増えるという事態も招いた。現在、クレジットカードの未払い金の中央値は、インドで300ドル、中国で1500ドル、米国で5000ドルを超えている。[13] すでに数々の研究で示されているとおり、わたしたちはクレジットカードで支払うと、現金で支払うときよりもむだ遣いし、あとで後悔する買い物をしてしまいやすい。[14]

ジョージ・アカロフによる「情報の非対称性」の説明

買わなければよかったとあとで後悔することが多いのは、ひとつには、そもそも店を出たとたん、魅力が減じてしまうような商品が数多く出回っているからだ。1970年、経済学者ジョージ・アカロフはなぜそうなるのかを、中古車の売買を例に取って説明した[15]。

中古車の売り手には自分が売ろうとしている車が、優良な車（「ピーチ」と呼ぶ）か粗悪な車（「レモン」と呼ぶ）かがわかっているとしよう。一方、買い手にはそれがわからない（中古車の品質は見た目ではわからず、実際に乗ってみないとわからないので）。

その場合、市場にはおのずとレモンの売り手が増える。レモンをつかまされる可能性が高いとわかっていたら、買い手はレモンにふさわしい値段しか払おうとしない。そうすると、ピーチの所有者は自分の車を売ろうとしなくなり、中古車市場は「レモンの市場」、つまり粗悪品だらけの市場と化す。

のちにアカロフにノーベル賞受賞をもたらすことになるこの研究は、当初、3誌の査読で落とされ、掲載を拒否された。この逸話は世の経済学者たちにとって、今も論文の掲載を拒否されたときの慰めになっている（経済学の有力5誌における論文の掲載拒否率はなんと95%にものぼるのだ[16]）。

毛沢東の政策が招いた悲劇

この時代の繁栄は、世界全体に及んでいたわけではなかった。中国では、毛沢東の中国共産党が1949年に権力を掌握して以降、多数のビジネスリーダーが処刑された。農業が集団化されたことで、農民は勤勉に働こうとする意欲を削《そ》がれた。苦労して生産を増やしても、増えたぶんはすべてコミュニティー（「人民公社」）全体で分け合われたからだ。

さらに1958年、毛は「大躍進」に着手した。これは農民たちに家の裏庭の炉で鉄や鋼を生産させようとする無謀な計画だった。これによりまだ傷んでいない無数の鍋やフライパンが溶かされて、くず鉄に変えられた。

同じ年、毛は国民に雀《すずめ》の駆除も命じた。雀に穀物を食い荒らされるのを防ぐというのがその理由だった。雀の駆除には、大きな音を立てて、雀を衰弱死させるという方法が使われた。この方法は功を奏し、大量の雀が死んだ。しかし雀がいなくなるということは、蝗《いなご》を食べる動物がいなくなることを意味したので、翌年の作物は広範囲にわたって大量の蝗に食い荒らされた。

毛は結局、生態系の回復を図るため、ソ連から25万羽の雀を輸入せざるを得なくなった。1957年から61年にかけて、この食害で米と小麦の生産量は40％減り、その結果発生した飢饉で1000万人以上が死んだ。[17]

毛が招いた混乱はそれだけで終わらなかった。1966年に始まった文化大革命では、毛の直接的な指導下に置かれ、大きな権限を与えられた青少年組織、紅衛兵が、科学者や知識人を排撃した。大学や学校は閉鎖され、何百万人もの都市部の若者（その中にはのちに国家主席になる習近平もいた）が農村部への移住を強いられた。その多くは正規の教育を受ける機会も奪われた。打ち続く政治闘争は政府の多くの部門を機能不全に陥らせ、数々の悲劇を招いた。そのような悲劇のひとつが、500万戸以上の家屋が水没し、何万人もの死者を出した1975年の板橋ダム決壊事故だった。

毛の政策がいかなる成果を上げたかは、中国経済と近隣諸国の経済を比べてみればわかる。毛政権時代に香港のひとり当たりの所得の伸び率は中国本土の2倍だった。韓国では中国の4倍、日本では5倍のペースでそれぞれ所得が伸びていた。[18]

キューバや南米諸国の失敗

キューバでは、1959年、フィデル・カストロの革命で政権が倒され、共産主義の独裁政権が樹立された。新政権は経済の重要な部門を国有化して、大土地所有を解体し、農民に農地を分け与えた。キューバ革命後、国民の生活水準はいっこうに向上しなかった。カストロをはじめ、革命家たちは経済学についてはほとんど無知だった。

（真偽のほどはあやしいが）こんな逸話がある。深夜に開かれた指導部の会議で、カストロが部屋を見回して、キューバ国立銀行の総裁にふさわしい「優秀な経済学者（エコノミスト）」はいないかと尋ねた。するとうとうとしていたチェ・ゲバラが手を挙げた。カストロは驚いていった。「きみが優秀な経済学者だとは知らなかった」。ゲバラは慌てて、謝った。「これは失敬、とんだ聞き間違いをした。優秀なコミュニスト（共産主義者）と聞こえたものだから」[19]。

南米諸国の中には、グローバルな連携に背を向け始める国もあった。アルゼンチンでは、経済学者ラウル・プレビッシュが輸入代替工業化を唱えて、途上国は国内に十分な需要がある商品を土台にして、国内の製造業部門を発展させるべきだと論じた。

専門化するべきだというのが比較優位の考え方だが、輸入代替の考え方では、国内に多様な製造基盤を築くほうが得策であると説かれた。輸入代替の論者は、輸入を制限するため、関税の引き上げも支持した。しかしこれはかえって経済を損ねるやり方だった。とりわけ、アーク溶接機や、トラクターや、事務機器といった生産活動に使われる道具に関税が課されると、弊害が大きかった。輸入代替工業化は期待された経済的な利益をもたらさず、結局、20世紀末までにはほぼ世界じゅうで見限られた。

インドで低成長が続いた理由

第二次世界大戦後の10年間には、それまで他国に支配されていた国々が続々と独立を果たした。フィリピン、ヨルダン、シリア、リビア、カンボジア、ラオス、ベトナムといった国々だ。最大の国は、資本主義ときっぱりと決別したインドだった。その経済は、硬直的な計画経済や、汚職の蔓延や、世界貿易との断絶が災いし、「ヒンドゥー成長率」と揶揄される低成長が続いた。

1947年から64年までインドの首相を務めたジャワハルラル・ネルーは、ソ連を訪れたときに見たことに強い影響を受け、経済は国家によって統制されるべきだと固く信じていた。ネルーが導入した「五カ年計画」は、ソ連の制度をまねたものだった。企業が事業を始めるためには、最大80もの政府当局の認可を得なくてはならなかった。これは「ライセンス・ラージ（許認可統治）」と呼ばれた。[20] そのうえ、企業が何を生産し、いくらでそれを売るかまで、しばしば政府が指図していた。このようなやり方はイノベーションを妨げ、生産性の伸びを鈍らせた。

アマルティア・センが主張した「～する自由」

それでも中国とは違って、1947年の独立後、インドは飢饉に見舞われなかった。その理由について、インドの経済学者アマルティア・センがひとつの説を立てている。センは9歳のときに1943年のベンガル飢饉を目の当たりにし、飢えた人に米を配るのを手伝った経験もある。ベンガル飢饉は、英国の統治下で起こり、最終的に約300万人の死者を出した。

センの考えでは、飢饉は単なる食料生産の問題ではなかった。政府による食料の横流しもその大きな原因だった。報道の自由がある民主主義国では、飢饉はきわめて起こりにくいと、センは結論づけている。センが重んじているのは、人間の潜在能力、いい換えれば、自分自身の利益のために行動する人間の能力だ。人類の繁栄のためには、「〜からの自由」（他者に干渉されない自由）だけでなく、「〜する自由」（教育を受ける自由や、積極的に民主主義に参加する自由など）が欠かせないと、センは論じている。

センの考えは国連の「人間開発報告書」にも重要な影響を与えた。人間開発報告書とは、経済生産よりも幅広いさまざまな指標にもとづいて国のランクをつけている報告書だ。各指標は互いに関連し合っていることが多い。例えば、民主主義指数が高い国ほど、経済成長率が高い傾向にある。[21] 性的マイノリティー（LGBTIQA+）の権利が認められている国は、所得や幸福度も高い。[22] 女性の社会進出が奨励されている国は、たいてい生活水準も高い。[23]

1943年のベンガル飢饉で炊き出しの列に並ぶ飢えた市民。

共産主義から資本主義へ

市場がいかに繁栄を促進するか、人間の潜在能力が世の中の発展にとっていかに大切かは、東ドイツと西ドイツ、北朝鮮と韓国のそれぞれの軌跡を比べれば一目瞭然だろう。40年間、共産主義者の支配下に置かれた東ドイツの生活水準は、西ドイツの生活水準の3分の1という低さだった。[24] 共産主義体制になって80年近く経つ北朝鮮の生活水準は、資本主義国である韓国の生活水準のわずか23分の1だ。[25]

この両事例には、アマルティア・センがいう人間の潜在能力を引き出すのにも共産主義が不向きであることが示されている。両国の国境において、壁を築き、国境を越えようとする市民に銃口を向けたのは、資本主義ではなく、共産主義の国だった。

世界が転機を迎えたのは1970年代末だった。多くの国々が続々と市場経済へと舵を切った。このとき一方では、資本主義の行きすぎではないかという懸念が持たれ、一方では、市場が導入されたのは、食べ物が十分にあるほうが、毎晩空腹のまま眠りに就くよりもいいことがわかった結果だといわれた。

飢饉と政治

史上最悪の飢饉といわれているのは、1693～94年のフランスの飢饉、1740～41年及び1846～52年のアイルランドの飢饉、1868年のフィンランドの飢饉、1921～22年のソ連の飢饉、1975～79年のカンボジアの飢饉だ。[26] いずれの飢饉でも全人口の5％以上が死亡した。

貧しい国ほど、備蓄が少ないので、飢饉の被害が大きくなりやすい。飢饉が発生するのは、たいていは異常気象などによって凶作が続くことが原因だが、政府の失策で飢饉が悪化することもある。全体主義的な政権は対策を誤りやすい。事態の深刻さを隠そうとしたり、他国からの支援を拒んだりするからだ。

飢饉が発生したとき、犠牲者の多くは飢えそのものよりも、病気にかかって死ぬ。最も犠牲になりやすいのは、貧しい人々、幼い子ども、それに高齢者だ。女性と男性では、女性のほうが生き残りやすい。これは主に、女性のほうが男性より体脂肪率が高いことによる。

時代が下るにつれ、飢饉による死者数は減っている。それでも、20世紀に飢饉で死んだ人の数は、両大戦の合計死者数を上回る。現在では、深刻な凶作に見舞われても、必ずしも飢饉は起こらない。飢饉を防ぐために設立された国連の2機関（国連食糧農業機関と国連食糧計画）が、入国を許可されれば、食料援助を行うことができるからだ。今の世界で飢饉が発生するかどうかは、農業より政治の問題だといえる。統治がよければ、飢饉は過去のものにできる。

1846〜52年にアイルランドで発生したジャガ芋飢饉では、人口の12％が命を奪われた。これは当時描かれた母子の絵（母親の名はブリジッド・オドネルという）。

第10章

市場がすべて?

集産主義からの転換

1978年、中国の小崗という小村で、18人の村民が決死の覚悟で密約を交わした。ほかの地域同様、小崗も「大躍進」で大きな痛手を負っていた。1958年から60年までのわずか2年間で、120人の村民のうち、半数以上が死んだ。[1] 1970年代に入っても、食料不足の深刻さは相変わらずだった。農業生産をもっと増やせることは村民たちにもわかっていた。しかし集産主義の制度のもとでは生産を増やそうとする意欲は生まれなかった。

当時の中国では、どんなものも集団で所有されていた。密約を交わした村民のひとり、厳金昌は次のようにいっている。「まじめに働いても、働かなくても、もらえるものは同じ。だから誰もまじめに働こうとしない」[2]。

土の床に茅葺《かやぶ》きの屋根という家で交わされた密約は、共産党政権の指示にまっこうから逆らうものだった。その密約には、各世帯がそれぞれ自分の土地を所有し、生産物の一部を自分のものにすることを認めると書かれていた。もし誰かが投獄されたり、処刑されたりしたときには、残った者たちでその子どもを養うことも18人は約束した。それだけ危険な密約だった。石油ランプのもとで署名のうえ、血判も捺《お》されたその誓約書は、竹に入れて、村民のひとり厳宏昌の家の屋根の中に隠された。

しかしやがて密約が発覚したのは、誓約書が見つかったからではなかった。農作物の生産量が飛躍的に伸びたからだった。それ以前、集団農場で働く農民たちは、笛が鳴らないと、その日の仕事を始めなかった。今や、夜明け前から自分の畑で働いている農民がいた。その年の小崗村の収穫量は、過去5年間の収穫量の合計をも上回った。

地元の役人は厳宏昌を引っ立てて、きびしく尋問した。しかし厳は運がよかった。中国の新たな最高指導者となった鄧小平が厳たちの取り組みを気に入って、ほかの村民にも同じことをやってみるよう促したのだ。数年後、小崗村の秘密の取り組みは、中国の脱貧困策になっていた。
集産主義からの転換では、法律がなかなか現実に追いつかなかった。例えば、従業員8人以上の民営企業が合法化されたのは、1988年だった。[3] それでも移行は急速に進んで、影響は広範囲に及んだ。1978年に改革が始まってから10年間、毎年、およそ1000万人（スウェーデンの全人口に相当）が貧困から脱した。[4]
この変化には、社会の変化が社会規範よりも科学技術と政策によって推進されるものであることも示されていた。共産主義の社会ぐらい、政策の影響がもろに現れる社会はない。ロシア革命が生活水準の崩壊を招いたのとまったく同じように、中国の1978年の改革では、それまでひもじい思いをしていた無数の人々が腹いっぱい食べられるようになった。その年以降、中国は平均で年9％以上の経済成長を続けた。経済成長を支えたのは、国内の製造業者が世界の市場で製品を売ることを可能にした貿易だった。

サッチャーやレーガンが目指した「小さな政府」と労働組合の弱体化

中国が市場の役割を拡大させていた頃、英国と米国も同じ方向に進んでいた。1979年にマーガレット・サッチャー、1980年にロナルド・レーガンがそれぞれ選挙で勝ったことで、どちらの国でも経済への政府の介入が減った。

英国では、公益事業の多くが民営化された。公営住宅の入居者はその住宅を買い取る権利を与えられ、長く入居していれば、相場の半値で買い取れた。その結果、100万戸以上の公営住宅が個人の所有となった。ただ、持ち家率はしばらくは上昇したが、新たに家を手に入れた人たちの多くがその家を賃貸住宅業者に売り始めると、下落に転じた。

米国では、レーガン政権の8年で個人の最高税率が70％から28％へ引き下げられた。航空管制官がストライキを起こすと、レーガンは1万人以上を解雇して、代わりに非組合員を雇用した。産業界もこれに倣った。

数年のあいだに、ストライキをした銅山の労働者、食肉産業の労働者、バスの運転手、製紙産業の労働者が職を失った[5]。労働組合は弱体化し始めた。レーガンは政府の規制も減らし、ケーブルテレビや海運、天然ガス、州間トラック輸送の価格統制を緩和した[6]。

ミルトン・フリードマンが唱えた「恒常所得仮説」とその問題

このサッチャーとレーガンの両方に助言した著名な経済学者がいた。シカゴ大学のミルトン・フリードマンだ。弁が立ち、バイタリティにあふれたミルトン・フリードマンは妻ローズ・フリードマンとともに、『資本主義と自由』や『選択の自由』といった一般向けの本を書いたほかに、経済学についての10回シリーズのテレビドキュメンタリーを手がけ、頻繁に新聞に寄稿した。

自由を至上のものと考えるリバタリアンの立場から、徴兵制に反対し、ドラッグの合法化を支持し、より小さな政府を目指すべきだと論じた。政府支出によって不況を防げるという主張にも反対し、代わりに、恒常所得仮説を唱えた。その説では、現在の政府支出が将来の増税によってまかなわれなくてはならないことは、家計に織り込まれているとされた。フリードマンにいわせれば、政府の支出の裏には必ず課税があった。

恒常所得仮説はシンプルなよくできた仮説だが、人々の実際の行動についての説明にはあらがあった。人間は完全には合理的ではないし、政府の景気刺激策で税収の基盤が拡大すると信じることもある。したがって、政府支出によって国全体の経済活動が活性化されることは実際にありうる。将来に増税が待っているからといって、人々は出費を抑制してまでそれに備えるということは現実にはしない。

左派政権でも右派政権でも、景気が悪化したとき、人々のむだ遣いを倫理的にきびしく咎《とが》めて、倹約を奨励するというような対策は採らない。それよりも、的を絞った財政刺激策を迅速に講じるというケインズ主義的な手法を用いるだろう。中央銀行の総裁を務めたマーク・カーニーがいったように、「前線の塹壕《ざんごう》に無神論者がいないのと同じで、金融危機のときに自由至上主義者はいない[7]」。

推し進められた規制緩和と民営化

1980年代に活躍した有力な「シカゴ学派」の経済学者はフリードマンだけではなかった。競争政策では、ロバート・ボークとリチャード・ポズナーが「消費者厚生基準」と呼ぶ基準を打ち出して、企業合併の規制緩和を主張した。ふたりは大きな企業のほうが生産効率が高いことを指摘して、大きいことはいいことだと論じた。1980年代、米国をはじめ、世界じゅうの国々でそのような考え方が支配的になっていった。

シカゴ学派によれば、大事なのは企業の合併や価格政策で競争が阻害されるかどうかより、それによって消費者の利益が損なわれるかどうかだとされた。レーガン政権下で、独占に対する規制は緩められ、銀行は幅広い分野に投資する自由を与えられた。

多くの先進国が公的部門を縮小し、法人税と所得税の税率を引き下げたのが、1980年代だった。民営化の波が世界を席巻し、ヨーロッパでも、アジアでも、南米でも、電話や、港湾や、有料道路や、電力や、鉄道といった国営事業が次々と売却された。当時、多くの経済学者がいっていたのは、それらの事業を民間企業の手に委ねれば、市場のきびしい競争にさらされるので、運営の効率がよくなるということだった。

実際には、ことはそううまく運ばなかった。今となっては民営化は誇張されすぎていたように思える。民営化された事業は、多くの場合、おのずと市場を独占することになり（「自然独占」）、はじめから競争相手を寄せつけない支配的な地位を得ていた。

民営化された鉄道の独占企業に競争を挑みたいと思う者がいても、そのためには新しい線路や車両に莫大な資金を投じなくてはならない。たいていはそこで新規参入を思い留まってしまう。独占的な鉄道事業の売却で国庫は潤うかもしれないが、そのせいで10年、20年にわたって鉄道の運賃が押し上げられるとしたら、国民にとってそれはありがたい話ではない。

マイケル・ポーターの「5つの力」と民営化の問題点

未来のCEOたちはビジネススクールで、企業が並外れた高収益を上げられるかどうかは何に左右されるかを、マイケル・ポーターの「5つの力」を通して学ぶ[9]。それによれば、経営者や投資家にとって最も好ましいのは、業界が次のような状態のときであるという。すなわち、競争相手がいないとき、新規の参入を阻む障壁があるとき、売り手（サプライヤー）の交渉力が弱いとき、買い手（顧客）にほかの選択肢がほとんどないとき、代替品の脅威がないとき、だ。

しかし、これらの5つの力は企業の利益にとってはよくても、消費者の利益にはならな

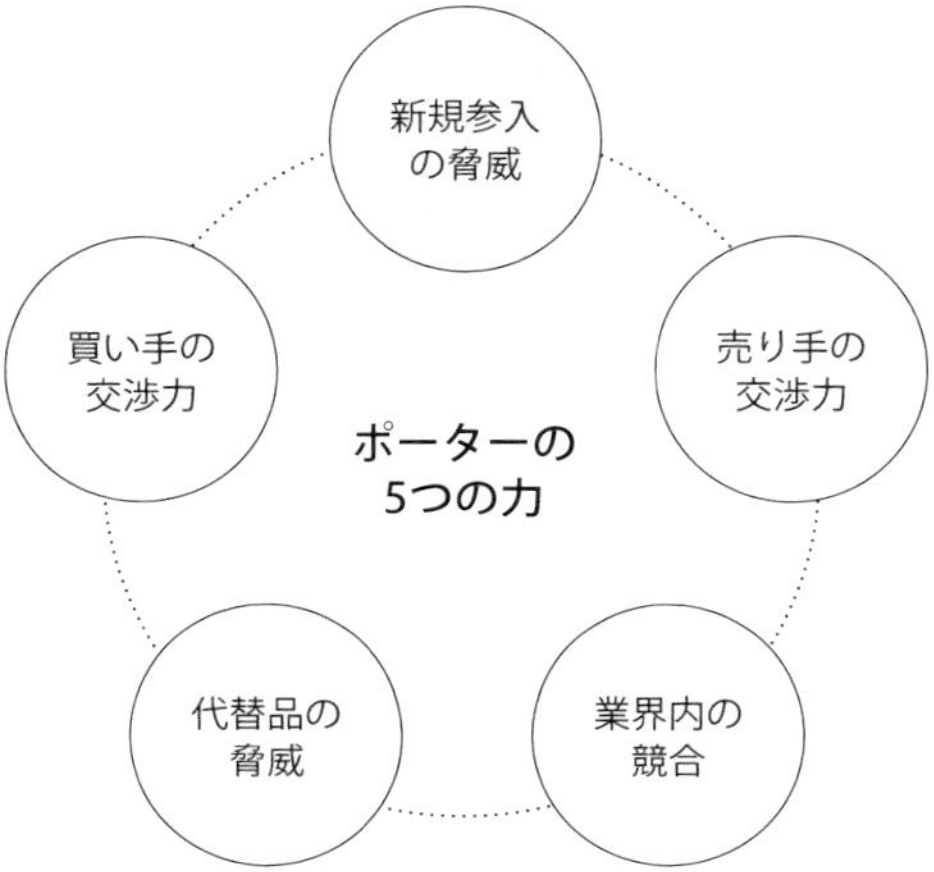

い。競争政策はふつうそれとは正反対のものだ。競争を活発にし、新規参入を促し、サプライヤーや顧客との取引で独占力が濫用されるのを防ぐことが競争政策では目指される。

近視眼的な民営化は（前述の鉄道の例のように）しばしば多額の売却益をもたらしたが、消費者にとっては事実上、長期的な増税を意味した。消費者は民営化された公益事業者にそれまでよりも多くのお金を支払うことになったからだ。そのように独占の固定化につながることから、最近の経済学者は民営化の効果に懐疑的な見方をすることが多い。

美人は得をする

「容姿の美しさはどんな推薦状よりものをいう」といったのはアリストテレスだ。最近は、魅力と収入の関係を研究する美の経済学もある。なぜそのような研究が可能かといえば、美は主観的なものである一方で、人間の美的感覚に大きな個人差はないからだ。複数の人にある同じ人物の魅力を評価させると、似たような評価をつけることがわかっている。

経済学者のダニエル・ハマーメッシュは、魅力の評価や収入の水準を含むいくつもの調査のデータにもとづいて、最も容姿に恵まれた労働者は最も容姿に恵まれない労働者と比べ、収入が約10%多いと推定している。[10] 先進国では、これは生涯賃金が何十万ドルも違うことを意味する。一般に、男性のほうが女性より魅力と賃金の結びつきは強い。容姿の影響は顧客と顔を合わせない業種にも見られるので、容姿による差別は雇用上で起こっていると考えられる。この現象は「ルッキズム」と呼ばれているが、現状では、外見で人を差別することを禁じた法律はないに等しい。

容姿に恵まれた人はほかの面でも得をしている。見た目のいい人は融資を受けやすい。見た目のいい

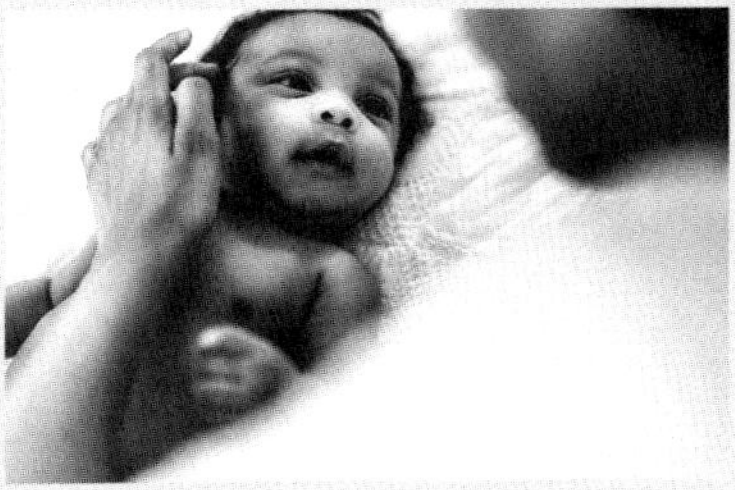

赤ちゃんは見た目のいい人をより長い時間見つめる。

候補者は選挙で当選しやすい。見た目のいい被告は、無罪になりやすい。見た目のいい学生は、クラスでの発表で高得点を取りやすい。見た目のいい教授は（経済学の教授ですら！）、学生から高い評価をもらいやすい。さらに赤ちゃんにも、見た目のいい人はより長い時間見つめてもらえる。

とはいえ、見目麗しくなくとも心配は要らない。一般的な基準で美形といえない人は、比較優位の理論を思い出してほしい。自分の長所を活かせばいいのだ。頭のよさでもいいし、体力でもいいし、性格でもいい。

第11章 インフレ目標と格差

ハイパーインフレと金本位制の終焉

１９８０年代には経済政策当局者のインフレ抑制策に着実な進歩が見られた。人類はそれ以前、インフレの最もはげしい形態であるハイパーインフレーションを経験していた。第一次世界大戦後のドイツと同じように、第二次世界大戦後のハンガリーで、とてつもないハイパーインフレが発生した。年間のインフレ率は一時、41京９０００兆％にも達し、ハンガリー政府は1垓《がい》（10の20乗）紙幣の発行を余儀なくされた。[1] １９８９年、アルゼンチンでは物価が毎月2倍上昇し、やがて紙幣の供給途絶が発表される事態となった。紙幣を刷りすぎて、紙を使い果たしてしまったのだ。
ロバート・ムガベ政権下のジンバブエで発生したハイパーインフレでは、毎日、物価が2倍上昇した。そのせいで大手銀行のＡＴＭ（現金自動預払機）で、「データ・オーバーフロー・エラー」が生じるということも起こった。引き出し額の数字の桁が増えすぎて、処理できなくなったことが原因だった。[2]
ハイパーインフレのリスクを回避するため、当初は通貨と金の交換比率を固定する金本位制の採用が進んだ。しかしこれは得策ではないことがやがてわかった。世界の金の採掘のペースと、金本位制を導入した国の経済成長のペースとが釣り合う保証はどこにもなかったからだ。世界のどこかで広大な金鉱が発見されたとき、わたしたちは自国の通貨の価値が下がることを望むだろうか。
１９７０年代初頭に金本位制が終焉を迎えると、各国は人口の増加や生活水準の向上に合わせて、通貨の供給量を増やせるようになった。また主要経済大国は互いの通貨のつながりも切り離し始め、固定為替レートから、通貨の需給関係で為替レートが決まる変動為替レートへと切り替えた。

金利の設定への政治的な干渉と中央銀行の独立

しかし中央銀行が政治家の支配下に置かれていた時代には、インフレの管理で考慮されたのは経済的な要素だけではなかった。政権は選挙が近づくと、にわか景気を作り出す誘惑に駆られがちだった。その結果、選挙後には景気が悪化することが多かった。政治家たちはそのようなにわか景気のおかげで選挙に勝てたが、多くの一般の労働者たちは選挙後の不況のせいで職を失った。

景気の推移を表したグラフを見れば選挙があった年がわかるほど、この問題は顕著だった。戦後の数十年にわたり、米国ではたいてい選挙の翌年の経済成長率が選挙の年の経済成長率を下回っている。同様のパターンはヨーロッパの国々でも見られた。

金利の設定への政治的な干渉はときに直接的に行われたが、目立たない形で行われることもあった。1972年、インフレの加速に直面した米国のリチャード・ニクソン大統領は、連邦準備制度理事会が金利を引き上げて経済を鈍化させるのではないかという懸念を抱いた。このときニクソンは、連邦準備制度理事会に圧力をかけようとして、連邦準備制度理事会議長のアーサー・バーンズが給与の50％引き上げを要求しているという虚偽の情報を流した。[3]

このような「政治的な景気循環」が明るみに出たことで、状況は変わり始めた。財政政策は引き続き、選挙で選ばれた政治家によって決められたが、金融政策は中央銀行の独自の判断で実施されるようになった。

先進国では、1980年代を通じて、中央銀行の独立性が着実に増していった。高所得国の中央銀行は、一般の公務員と同等の自律性しか持たない機関から、裁判官に与えられているのと同じ独立性を持った機関へと、一歩一歩近づいていった。

中央銀行によるインフレ目標の導入

中央銀行は独立性を強めただけではなかった。インフレを直接、目標にし始めた。1970年代と80年代、中央銀行は中間的な指標（通貨集計量や信用集計量など）を目標にしていた。しかししだいにインフレと通貨供給量との関係は弾力的なものにできるという認識が広まっていった。ある中央銀行総裁がいらだたしげにいったように、「われわれが通貨集計量を捨てたわけではない。通貨集計量がわれわれを捨てたのだ」った。[4]

世界で初めて中央銀行に明確なインフレ目標を設定させた国は、ニュージーランドだった。1990年、ニュージーランド政府は中央銀行にインフレ率を0〜2％の範囲内に抑えるよう求めた。ニュージーランドではそれまで何年も2桁台のインフレが続いていて、これはそのような極端な物価の不安定さを解消するために講じられた措置だった。

ほかの国々もすぐに追随した。カナダでは1991年、英国では1992年、オーストラリアでは1993年、それぞれインフレ目標が導入された。今日では、ほとんどの中央銀行が2％前後のインフレ目標を導入している。2％前後を目標にするのは、それが物価を安定させると同時にデフレを回避できるインフレ率水準と考えられているからだ。

高インフレは物価を不安定にさせるが、デフレも問題を招く。デフレ下では、来年になればもっと安く買えるという期待から、家計が大きな買い物を控えるせいで、消費が鈍ってしまうことがある。

金利は経済活動のアクセルとブレーキ

中央銀行が行っているのは、具体的には短期金利の操作だ。中央銀行は短期金利の操作を通じて、民間銀行が家計や企業にお金を貸すときの長期金利に影響を与えている。なぜ金利が経済に多大な影響を及ぼすのか。金利とは、将来まで待たずに今、購入することの「代償」だと考えるとわかりやすい。金利が低ければ、企業や個人は計画を実行に移そうとするインセンティブを与えられる。その計画は、新しい事務所を開くことかもしれないし、家を購入することかもしれない。金利の低さは変化を引き起こす。

逆に、金利が高いと、借金の魅力は薄れる。人々は今はがまんして、あとで買おうとするようになるので、経済活動は停滞する。中央銀行にとって、金利は自動車のブレーキとアクセルのようなものだ。適切なタイミングで正しいペダルを踏めば、目的地に滞りなく到達することができる。

インフレ率だけを目標にしている中央銀行もあるが、一方で、失業率など、別の指標も目標にしている中央銀行もある。ただ結果的には、両者に大差はない。ビル・フィリップス（前に紹介した経済の水理模型を考案した人物）の研究により、短期的にはインフレと失業のあいだに強い結びつきがあることがわかっている。したがって、中央銀行がインフレ率の達成に重点を置けば、おのずと雇用や経済成長にも影響を与えることになる。目的は、熱くなりすぎも、冷めすぎもしない経済状態、いわゆる「適温経済（ゴルディロックス経済）」を維持することにある。

中央銀行はうまくやっているのか？

では、インフレ目標や中央銀行の独立は成功しているのか。インフレに関しては、答えはイエスだ。1970年代のオイルショック後、米国のインフレ率は10年にわたり、6％を超え、ピーク時には14％（1980年）に達した。[5] それが1990年代から2000年代にかけては低く抑えられた。

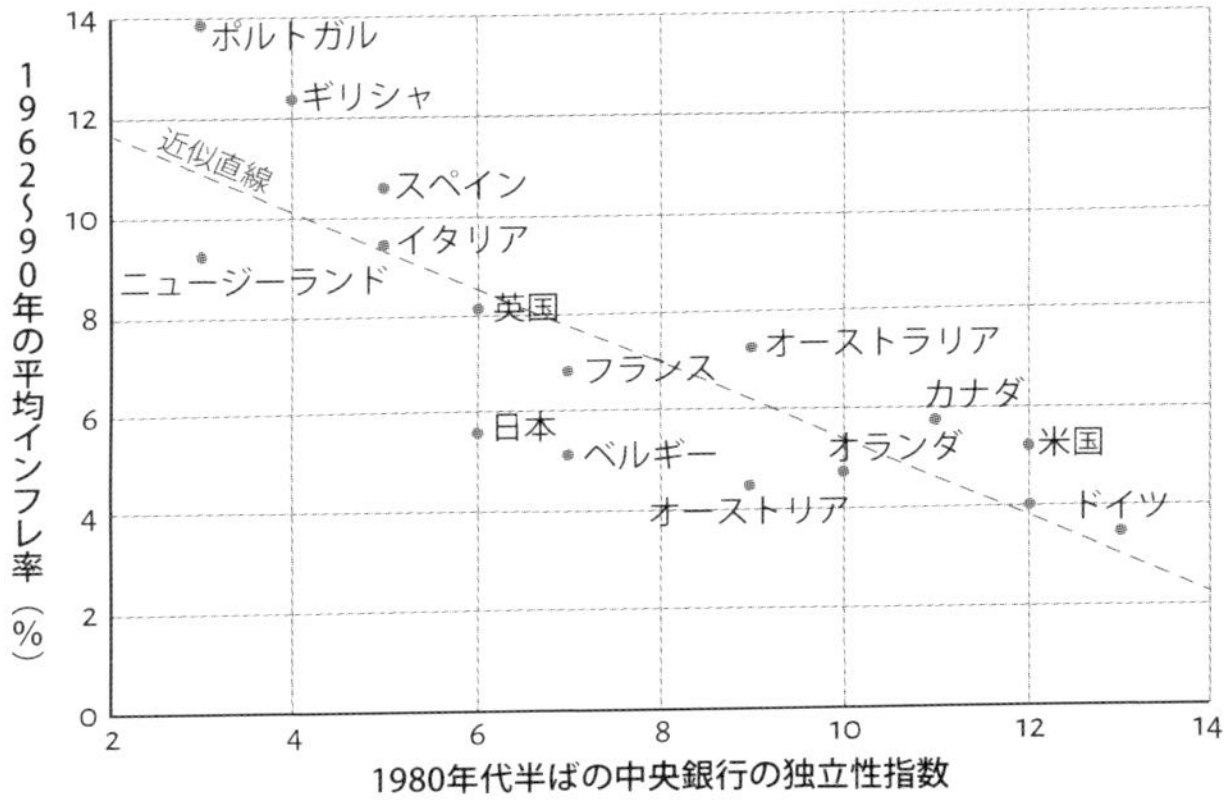

先進国における中央銀行の独立性。

同様のことは英国と日本でも起きている。どちらの国でも１９７０年代にはインフレ率が最大で20％を超えた。それがやはり１９９０年代から２０００年代にかけては、低い水準で安定した。

中央銀行にとって悩ましいのは、金利は人々の将来の行動に影響を及ぼすものなので、金融政策はつねに将来の予測にもとづくものになるという点だ。連邦準備制度理事会議長の表現を借りれば、中央銀行はパーティが盛り上がってきたタイミングで、カクテルがなみなみと入ったパンチボウルをさっとテーブルから下げなくてはならない。[6] 後述するように、21世紀に入ると、適切なバランスを取ろうとする中央銀行はまた別の難題を突きつけられることになる。

インドの改革が経済に与えた影響

世界に先駆けてインフレ目標を導入したのはニュージーランドだが、同じ頃、インドは同国史上最も重要ともいえる改革に取り組んだ。それは政府と市場のバランスに直接関わる改革だった。1991年、インドの財務相マンモハン・シンが「ライセンス・ラージ（許認可統治）」の大半を廃止した予算案を議会に提出した。ライセンス・ラージとは、企業が何を生産するかを政府が指図する制度だ。さらに輸出業者を後押しするため、ルピーが切り下げられたほか、一部の産業が外資に開放された。

改革が推し進められた背景には、外貨危機があった。インドの外貨準備高は輸入決済のわずか2週間ぶんにまで減っていて、緊急融資の担保としてロンドンに金47トンを送ったばかりだった。[7] この改革を通じて、インドは「世界の主要経済大国」の仲間入りを果たすだろうと、シンは訴えた。

英国の1846年の穀物法の廃止や、中国の1978年の私有財産制への移行と同じように、インドの1991年の改革は経済に多大な影響を与えた。経済成長が加速し、民間部門が大きく発展した。インド最大の多国籍企業タタ・グループは、化学製品からコンサルティングサービスまで、ありとあらゆる分野に事業を拡大させた。植民地支配の歴史をひっくり返すかのように、英国最大の紅茶メーカー、テトリーや、英国を代表する自動車ブランド、ジャガーも買収した。

しかしインドの改革は、平均値を重視することのリスクを明らかにするものでもあった。改革前のインドでは、所得下位50％の所得の伸び率が上位1％の所得の伸び率を大幅に上回っていた。改革後は、逆に上位1％の伸び率が下位50％の伸び率よりはるかに高くなっている。[8]

インドでは起業のハードルも、ほかの多くの低所得国に比べて高い。2020年の世界銀行の報告によれば、インドで事業を始めるためには、10の手続きを経なくてはならず、17日の日数と平均所得1カ月分の費用がかかる。[9] 反対に最も簡単に事業を始められるのは東ヨーロッパのジョージアで、手続きはひとつだけで済み、日数は1日、費用は平均賃金の1週間ぶんしかかからない。

貿易を促進した要因

20世紀の後半には、経済統合を反映し、貿易高が一貫して世界の経済生産を上回るペースで成長した。しかしその傾向がとりわけ加速したのは、ある貿易史の研究者が「世界が変わった10年」と呼んでいる1985年から95年にかけてだった。[10]

外貨を使い果たしたせいで、経済の対外開放を進めた国もあれば、世界銀行や国際通貨基金といった国際機関から繁栄のためには貿易が必要だと説得されて貿易を拡大した国もあった。この10年のあいだに世界を席巻した民主化の波も、関税率の引き下げや、縁故資本主義からの脱却へと政治を向かわせた。

1994年には世界貿易機関（WTO）の設立がついに決まった。半世紀前、ブレトンウッズ会議で「国際貿易機関」の創設が提案されたが、その提案は米国上院の反対に遭って実現せず、世界は代わりに「関税及び貿易に関する一般協定（GATT）」を拠り所とすることになった。それでも、この無骨な名称の機関のもとで、世界の平均関税率は1947年の22％から現在の3％にまで低下した。[11]

もうひとつ貿易を促進する大きな要因となったのは、ヨーロッパの高所得国11カ国による共通通貨ユーロの創設だった。1999年にユーロが導入されたことで、ヨーロッパ内での商取引や移動がしやすくなった。

ただ、ユーロに参加すると、経済危機時に自国の通貨を切り下げられないというマイナス面があった。この弱点が露呈したのは、ユーロの導入から10年後、ヨーロッパ債務危機が発生したときだった。南ヨーロッパの一部の国が債務を返済できず、なおかつ通貨も切り下げられないという窮地に陥った。その結果、緊縮財政を余儀なくされたギリシャは深刻な不況に見舞われた。

貿易によって発展したアジアの国々

アジア諸国の経済発展ではとりわけ貿易が果たした役割が大きかった。「アジアの虎」と呼ばれた4カ国（韓国、台湾、香港、シンガポール）は、輸出主導型の経済成長モデルを採用して、見事な成功を収め、1960年代から80年代にかけて、平均所得の急増を実現させた。同じく1980年代、中国は米国や欧州連合（EU）とのあいだで最恵国待遇協定を結んで、自国の輸出品にほかの貿易相手国の輸出品に課されているよりも高い関税が課されないようにした。2001年には、世界貿易機関への加盟も果たした。

ほかのアジアの国々も似た道をたどった。1990年代、経済評論家たちのあいだでインドネシア、マレーシア、フィリピン、タイ、ベトナムの5カ国が「アジアの小虎」と呼ばれ、盛んに論じられるようになった。これらの国々が2世代のあいだに低所得国から中所得国へと上昇できたのには、輸出主導型の製造業部門と、外国からの投資、それに教育の普及が貢献していた。

貿易の効果がいかほどだったかは、開放を進めたそれらの経済と、南米の閉鎖的な経済（ブラジルやアルゼンチンなど）とを比べてみるとよくわかる。20世紀半ば、東アジアの生活水準は南米の半分以下だった。それが20世紀末には、ほぼ同等になっていた。[12]

デリバティブとそのリスク

1995年、シンガポールに拠点を置いていた英国のオプショントレーダーが英国最古のマーチャントバンク、ベアリングス銀行を倒産させた一件は、金融パワーがアジアへ移ったことを象徴する出来事だった。

28歳のトレーダー、ニック・リーソンは当時、デリバティブ(金融派生商品)の取引を手がけていた。最も単純なデリバティブは、農産物の先物だ。例えば、小麦農家の中には、収穫期までに小麦の値段が下がることを心配する人もいるだろう。そのような場合、先物市場であれば、将来出荷する小麦を現在の値段で売ることができる。デリバティブの形態にはほかに、あらかじめ決められた値段で資産を売買するオプション(権利)がある。これもリスクを転嫁するのに使うことができる。

とはいえ、保険でリスクが顧客から保険会社に転嫁されるのと同じで、デリバティブでもリスクが消えるわけではない。リスクはほかのトレーダーに転嫁されるだけだ。ベアリングス銀行でのリーソンの取引は当初、好成績を収めていた。同行の利益の10分の1を占めた年もあったほどだ。しかし一方で、架空口座を作って、経営陣から損失を隠そうともしていた。

1995年、リーソンは日本の株式市場が下落しないことに賭けて、大きく負けることになった。神戸で予期せぬ大地震が起こったせいだった。さらにデリバティブ取引に固有のリスクが事態を悪化させた。株の保有なら、株の価値がゼロになるのが最悪の事態だ。しかし、ある種のデリバティブの保有では、損失額が無限に膨らんでしまう。

ベアリングス銀行の損失額は10億ドルを超えた。結局、銀行は倒産し、リーソンは投獄された。ほぼ30年経った今でも、デリバティブは規制当局の監視下に置かれている。デリバティブは個々のトレーダーのリスクを減らせるが、金融システム全体を不安定にすることもある。

林毅夫が主張する政府の役割の重要性

そのような金融市場の不安定化はあったが、アジアの多くの人にとって、1990年代はおおむね繁栄を実現した10年だった。経済学者の主な目標のひとつは、経済発展の理由を説明することだ。貧しい国がどのように豊かな国になるかについて、斬新な洞察をもたらした経済学者、林毅夫の経歴は、ほかのどんな経済学者とも違っていた。

26歳のとき、林は中国本土からわずか数キロの距離にある台湾の金門島で、台湾軍の中隊長を務めていた。彼は隊員に次のように命じた。今晩は軍事演習が実施されるから、海上に不審な人影が見えても発砲してはならない、と。日が落ち、辺りが暗くなると、彼は海に飛び込んで、中国本土まで泳ぎ、共産党政権の中国に亡命した。

翌年、北京大学の経済学部に在学中、ふたたび幸運に恵まれた。ノーベル賞を受賞した経済学者セオドア・シュルツが中国を訪れることになり、その通訳を任されたときのことだ。シュルツが林の才能にいたく感心し、シカゴ大学で博士号を取得できるよう奨学金を手配してくれたのだ。ここから林の輝かしい研究者人生が始まった。

林の数々の著書や論文、世界銀行のチーフエコノミスト時代の講演で述べられているように、戦後著しい発展を遂げた低所得国には、市場志向や安定したマクロ経済政策、経済の開放性といったことに加え、積極的な国の関与が共通して見られるというのが林の主張だ[13]。

それらの国々の政府は、自国の産業の中から比較優位を持つ産業を見出すと、経済特区を設けたり、インフラに資金を投じたり、外国から投資を呼び込んだりして、その産業を後押しした。ラウル・プレビッシュが南米の国々に壁を築いて、外国との競争から国内産業を守るよう助言したのに対し、東アジアでは、研究を助成したり、インフラを築いたりすることで重要な輸出産業を支援する戦略が採られた。

ただしこの戦略にもリスクはある。政府が支援する産業部門の選択を誤らないとは限らないからだ。また、一時的な政策が恒久的な政策になってしまうこともある。よく批判されるように、「幼稚産業」に対する支援だったはずが、おむつが取れてからも支援が続くということがしばしば起こる。

市場志向が最も強い国でも、技術開発の推進では政府が大きな役割を演じている。[14] ユニバーシティ・カレッジ・ロンドンのマリアナ・マッツカートが指摘するように、政府が技術の「ミッション」に資金を投じるときに、画期的な新技術は生まれやすい。例えば、月面着陸やインターネットの構築といったミッションがそうだ。イノベーションの中には、「企業家としての国家」によって推し進められたものでありながら、民間部門の功績と誤解されているものが少なくない。

テクノロジーが可能にした人口の増加と長い平均寿命

近年、世界の人口や平均寿命が延び続けているのは、テクノロジーの急速な普及のおかげだ。1798年、牧師だったトーマス・マルサスは、食料の供給量が人口の増加ペースを上回るペースで増えることはなく、大規模な飢饉と人口の減少は避けられないと論じた。1968年には生物学者のアン・エーリックとポール・エーリックが「全人類を養おうとする闘いは終わった」と宣言した。

エーリック夫妻はさらに「1970年代に世界的な飢饉が発生し、数億人が餓死するだろう」という予想まで立てた。インドへの食料援助をいっさいやめるべきだという冷酷な提言もしている。インドは「人口と食料の勝負で大きく後れを取っており、われわれが食料援助をしても、自給自足できるようになる見込みはない」というのがふたりの主張だった。

インドの人口は現在、エーリック夫妻の著書の刊行時と比べ、2倍以上に増えている。栄養失調と子どもの死亡が減る一方で、平均寿命と平均身長はのびた。出生率は「人口置換水準」、つまり人口が長期的に増えも減りもせず一定になる水準とされる2・1以下にまで下がっている。[15] 現在の予測どおりに推移すれば、世界の出生率は約30年後に人口置換水準を下回り、世界の人口は100億人前後でピークに達したあと、減少に転じるだろう。[16]

なぜマルサスとエーリック夫妻の予測は外れたのか。イノベーションが破滅論者の議論を覆したというのが主な理由だ。有刺鉄線柵は、安い費用で大型の家畜を囲い込んでおくことを可能にし、牧牛や牧羊の大規模化を促した。トラクターは大規模な収穫を可能にし、農家の労働時間を大幅に短縮させた。

ハーバー・ボッシュ法は、大気中の窒素からアンモニア肥料を作ることを可能にした。熱帯の島でグアノ（肥料として使われる鳥の糞《ふん》）を採取せずとも、人工的に肥料を生産できるようになったことで、世界の肥料の年間生産量は2億トンを超えた。あなたの体に今含まれている窒素の半分は、ハーバー・ボッシュ法で作られたものだ[17]。

1960年代の「グリーン革命」では、病気に強い半矮性《はんわいせい》小麦が開発された。これは従来の小麦に比べ、生産量を2倍近くに増やせる品種だった。インドやパキスタン、メキシコにこの小麦を導入したノーマン・ボーローグは、10億人以上の命を救ったといわれている。

最近では、遺伝子組換え技術のおかげで、作物の生産量が増え、なおかつ農薬の使用量が減った。現在、世界の農耕地の10分の1以上で遺伝子組換え作物が栽培されている。農薬の使用量が減ったことは（これにはレイチェル・カーソンの『沈黙の春』も貢献している）、自然環境の保護に役立っただけでなく、農薬中毒や農家の自殺の減少にもつながった[18]。研究者たちは今、ビタミンを増強した野菜や光合成の能力を高めた植物の開発に取り組むなど、遺伝子組換えの可能性をさらに広げようとしている。

医療の発達とそれに貢献する経済学

医療分野では、抗生物質が細菌感染症の治療法を一変させた。今から1世紀前、米国大統領カルビン・クーリッジの息子がテニスでできた足指の水ぶくれから感染症にかかって、命を落とした。アレクサンダー・フレミングがペニシリンを発見したのは、その数年後のことだった。ノルマンディー上陸作戦が実施された頃には、何百万回も投与できるだけのペニシリンが連合国軍に供給されていた。戦後は、一般の人の治療にもペニシリンが使われるようになった。

現在、医療と農業で広く抗生物質が使われている（ときに過剰に使われている）。また、結核や破傷風、ポリオ、B型肝炎、はしか、インフルエンザ、肺炎、COVIDのワクチンも、世界で無数の命を救った。

経済学者は効果的な疾病対策の普及にも貢献している。1990年代、マラリア予防用の蚊帳を有償で与えるか、無償で配布すべきかで、専門家の意見が割れた。有償派は、ただで蚊帳を配ったら、村人はそれを貴重なものと思わず、あまり使い勝手のよくない漁網として使ってしまい、自分や子どもの命を守るために使わないだろうと論じた。

この議論に決着をつけるため、研究者たちは大規模な無作為化比較試験を実施した。一方のグループには、蚊帳が無償で配られ、もう一方のグループには、補助金つきで蚊帳を買う権利が与えられた。その結果、無償で配るほうがはるかに蚊帳の普及率が高くなることがわかった。また本来の用途以外に蚊帳が使われることもなかった。[19] これを受け、寄付団体は無償で配布することを決めた。

無作為化比較試験はエステル・デュフロ、アビジット・バナジー、マイケル・クレーマー、ディーン・カーランといった経済学者たちによって経済学に取り入れられ、今では開発経済学の主要なツールになっている。無作為化の長所は、ある原因がある結果にどれほど強い影響を与えているかを見きわめるのにたいへん役に立つという点にある。

所得よりも幸福が肝心

見過ごされやすいが、医療と農業の進歩に伴って、世界の人口と平均寿命はこの数十年で飛躍的にのびた。1800年に約10億人だった世界の人口は、今や80億人に達している。当時、平均寿命が40歳を超えている国は1カ国もなかった。それが現在ではすべての国の平均寿命が40歳を超えている。世界の平均寿命は1800年に30歳以下だったのが、現在では70歳以上にまで延びた。

経済学の観点からも、この平均寿命の延びは平均所得の伸び以上に重要といえる。もし健康寿命と所得のどちらかを2倍にできるとしたら、あなたはどちらを選ぶだろうか。わたしだったら健康寿命を選ぶ。わたしの友人にも同じ選択をする人が多い。このことは経済学で肝心なのは所得よりも幸福であることを示唆している。

オーストラリア生まれの経済学者ジャスティン・ウォルファーズの言葉を借りれば、お金の計算だけが経済学でないのは、寸法の計測だけが建築ではないのと同じだ。費用対効果を把握するときに、お金は便利な手段になるが、最終的な目的ではない。

拡大する格差

だからといって、技術の進歩と世界市場へのアクセスで世界のすべての問題が解決したといいたいわけではない。多くの国は「中所得の罠」にはまり、なかなか高所得国への移行を遂げられずにいるように見える。そのような移行を果たしたのは、いまだに数カ国しかない（日本、シンガポール、韓国）。2020年末の時点で、いまだに7億1900万人が極貧状態（1日2ドル15セント以下で生活する状態と定義されている）にある。その大半はサハラ砂漠以南のアフリカに集中している。

世界のほとんどの国で、過去30年のあいだに格差が拡大した。富裕層の富の蓄積が加速しているだけでなく、貧困層がますます貧しくなっている国もある。ソ連崩壊後のロシアでは、アルコール依存症が増え、死亡率が上昇し、オリガルヒ（新興財閥）が台頭した。ロ

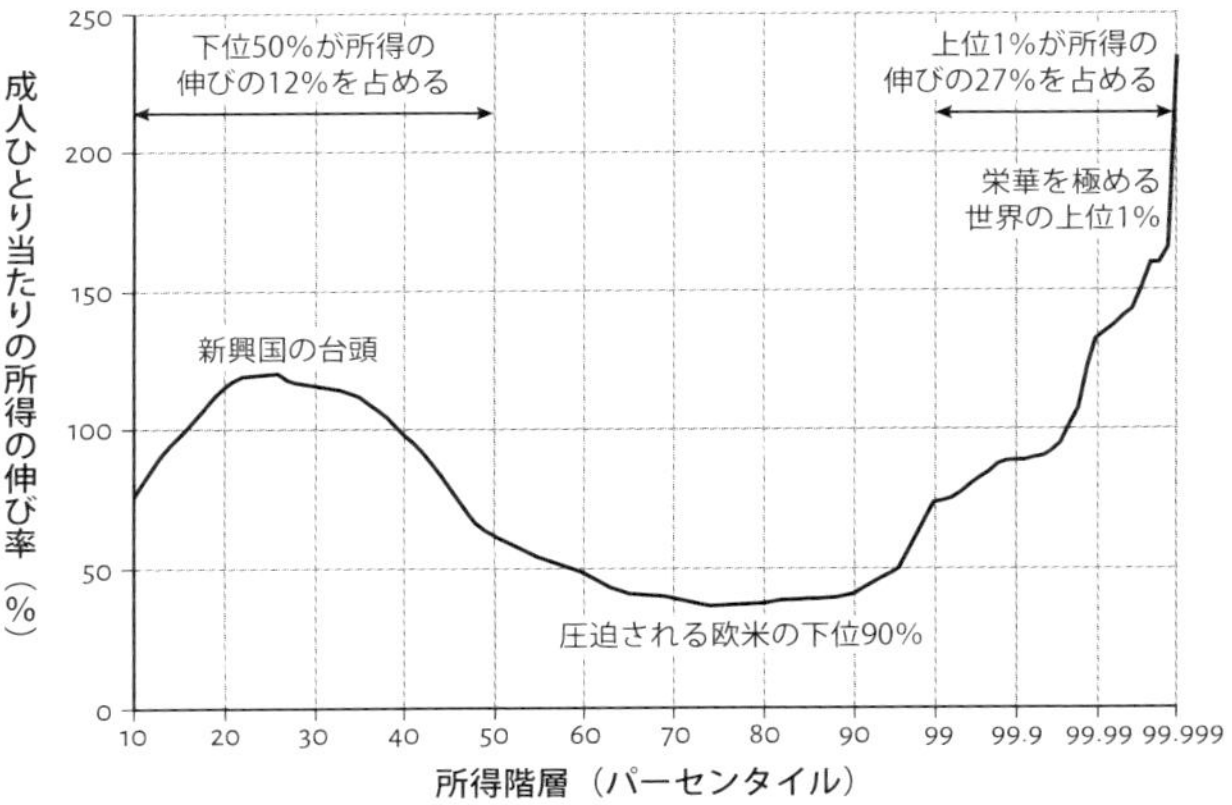

世界の所得階層ごとの所得の伸び率（1980〜2016年）。

シアの所得下位半数の実質所得は、1980年と比べて約4分の1減った。[20] 1989年の共産主義の終焉以降、ロシアの成長で生まれた富の99％は所得上位10％のものになっている。プーチン政権下の格差の大きさは、おそらく最後のロシア皇帝ニコライ2世の治世下以上だろう。

「エレファント・カーブ」から明らかになること

世界の成長の分布はいろいろな形で視覚化できるが、そのひとつに「エレファント・カーブ」と呼ばれるグラフがある。これはセルビア生まれの経済学者ブランコ・ミラノビッチによって考案され、その後、ほかの研究者たちの手で改良を施されたもので、1980

〜2016年の所得階層ごとの所得の伸び率を表している。横軸が所得階層で、左ほど所得が低く、右ほど所得が高い。

目を凝らしてこのグラフを眺めてみると、横から見た象（エレファント）の姿が浮かび上がってくるだろう。所得の伸びが鈍い低所得層（象の尾）、伸び率が高まる20〜30パーセンタイルの所得階層（象の背中）、がくんと伸び率が下がる中間層（象の鼻）、伸び方が際立っている高所得層（象の鼻の先端）という具合だ。図の左側には、新興国の力強い経済成長によって盛り上がる部分ができる。象の鼻が垂れ下がった部分を作っているのは、家計が苦しい先進国の中間層だ。栄華を極める超富裕層は天に向かって突き上げられた象の鼻の先端を生み出している。

ヨーロッパと米国における格差対策の違い

一般に、国内の格差が小さくなるのは、教育水準の向上が科学技術の進歩を上回っているとき、労働組合が強いとき、所得税の累進度が高いときだ。また、経済成長率（g）が資本収益率（r）を上回ることでも、格差は縮む。

社会的セーフティーネット、を通じて格差を抑えようとする方法もいろいろとある。ヨーロッパモデルでは失業者に手厚い支援が施されることが多い。一方、米国モデルでは、それよりも労働意欲を引き出すことに重点が置かれる。

例えば、そのような施策のひとつとして、低所得者の賃金に補助金を上乗せする勤労所得控除制度がある。子どもがいると特に優遇され、最大では賃金の40％の補助金が得られる。つまり時給20ドルで働いている人の場合、この制度が適用されれば、時給が28ドルになるということだ。

どちらのモデルがいいかは、テクノロジーが今後、わたしたちの仕事にどういう影響を及ぼすと考えるかで違ってくる。[21] 雇用の先行きを悲観する人たちは、ＡＩロボットがこれからますます賢くなって、近い将来、想像しうるあらゆる作業をこなせるようになるので、仕事のない世界に備えるべきだと論じる。それに対し、楽観視する人たちは、過去に新技術の波が起こるたび（紡績機からデスクトップコンピュータまで）、そのような議論が声高になされたが、結局、仕事はなくならなかったと指摘する。

生まれつき楽天的な性格のわたしは、労働意欲を引き出す政策に共感している。多くの人にとって、仕事は単なる収入源ではなく、意味や自分らしさの源でもある。だから仕事を失った人は、給与袋をなくした人よりも深く打ちひしがれるのだ。仕事のある世界をあきらめるのはまだ早すぎる。

「医療の鉄のトライアングル」のバランスをいかに取るか

医療も、米国モデルとヨーロッパモデルとで違いが著しい分野だ。これは「医療の鉄のトライアングル」、すなわち費用と質と利便性のトレードオフの関係から生まれる違いと見ることができる。[22]

米国では、保険に加入している幸運な人には質の高い医療が提供されているが、ほかの先進国より医療費が高く、保険に加入していない人もいる。ヨーロッパでは、最先端の医療はなかなか受けられないが、たいていはすべての国民が保険で守られている。

医療経済学の研究で示されているように、画期的な新技術の中には、医療支出の増加が正当化されるものもある。[23]例えば、β遮断薬は心疾患の発症率を低下させているし、心臓の手術の増加は心臓病患者の生存率を大幅に高めている。低出生体重児の医療的ケアでは、特殊な人工呼吸器や、肺の発達を助ける人工肺サーファクタントなどの新しい手法が取り入れられたことで、未熟児が健康に育つ確率が高まった。かつての白内障の手術は3日間の入院を必要とする大がかりなものだったが、現在では日帰りで受けられ、手術自体は30分足らずで終わる。

これらの技術の進歩はわたしたちの健康寿命を延ばすものであり、そのために医療費が増えることは正当と見なされる。しかし、腰痛治療の脊椎固定術といった領域では、患者

リオデジャネイロの貧富の差を象徴する景色。ホテルのスイミングプールと貧民街が隣接している。

が健康を取り戻している証拠はあまり見当たらない。個別化医療（オーダーメイド医療）やロボット手術が今後普及するにつれ、「医療の鉄のトライアングル」のバランスをいかに取るかがますます問われるようになるだろう。各国がそこでどのような選択をするかは、その国の成長と格差の両方に影響を与えずにおかないだろう。

公共投資の少なさが経済格差につながる

経済格差がはげしい国には、公共サービスへの投資が過度に少ないという傾向が見られる。経済学者ジョン・ケネス・ガルブレイスが「私《し》の豪勢さと、公共のみすぼらしさ」と呼んだ現象だ。[24]

ブラジルのリオデジャネイロでは、イパネマビーチ沿いに立ち並ぶ高級ホテル群の目と鼻の先に、治安の悪いスラム街が広がる。南アフリカのケープタウンでは、大邸宅に住む人々が自家用の発電機を使い、自家用車で移動し、私教育を受け、私費で警備員を雇っている一方、掘っ立て小屋の住人たちは断続的にしか届かない電力に頼り、しばしば遅れる列車に乗り、年間の殺人発生率が1500人にひとりという社会の中で暮らしている。インドのデリーでは、富裕層が召使いにかしずかれた優雅な生活を送る一方で、大気は世界一汚染されている。

スポーツ経済学

スポーツが世界経済に占める割合は1%にも満たない。それでも社会の縮図として、経済行動を理解するのに役立てることができる。[25] スポーツ経済学の起源は、1950年代の野球の労働市場の分析まで遡れるが、大きく発展したのは、世紀の変わり目頃だ。ちょうど2000年にスポーツ経済学の専門誌『スポーツ経済学』(Journal of Sport Economics)も創刊されている。

市場構造はスポーツの世界でも重要だ。例えば、独占は一般の経済における以上に大きな問題になる。一人勝ちではファンを熱狂させられないからだ。したがって多くのプロスポーツでは、競争力のバランスが保たれるよう、収益が分配されたり、給与額に上限が設けられたり、あるいは最下位のチームが優遇されるドラフト制が導入されたりするなど、市場構造に工夫が凝らされている。

人種的な偏見がとっさの判断にいかに出やすいかを調べる研究でも、スポーツはデータの宝庫だ。プロバスケットボールNBAの審判を対象にした調査からは、自分とは違う人種の選手に対して、パーソナルファウル（選手どうしの接触に関するファウル）の判定を下しやすいことが明らかになっている。[26]

接戦が演じられるほうが観客の数は増える。

また、COVIDの長期的な影響についての洞察も得られる。例えば、COVIDに感染した選手はパフォーマンスがはっきりと低下していることが、ワクチンの接種開始前にヨーロッパのサッカー選手を対象に行われた調査で判明した。感染から8カ月経っても、未感染の選手に比べ、パスを出す回数が5%少なかった。[27]

スポーツとは、ルールがインセンティブを作り出す世界といえる。ときにそのインセンティブが選手をスポーツマンシップに反する行動に駆り立ててしまう。[28] ２０１２年のオリンピックで、女子バドミントンのダブルスに出場した４ペアが失格になった。本戦トーナメントの早い段階で強豪や同国ペアと対戦しないよう、予選リーグの試合で故意に負けようとしたというのがその理由だ。インセンティブはどこにでもある。

第12章

熱い市場と熱くなる地球

ドットコムバブルの崩壊

2000年初頭、ドットコム企業（インターネットビジネスを展開するベンチャー企業）ペッツ・ドットコムが何百万ドルという超高額の広告料で知られるスーパーボウルで靴下人形のマスコットのCMを流して、話題を呼んだ。さらにその直後に株式公開（IPO）も果たし、8200万ドルを調達した。

ところが同年末には、IPO時に1株11ドルをつけた株価が0・19ドルへと急落していた。マーケティング戦略には長けていたが、原価よりはるかに安い値段で猫用トイレとドッグフードを販売するというビジネス戦略にむりがあったのだ。そのような戦略では、顧客が増えるほど、損失が膨らんでしまった。ペッツ・ドットコムは結局、２０００年に相次いだドットコム企業の破綻を象徴する存在となった。

その10年ほど前から、インターネットの急速な発展が始まっていた。「ウェブ１・０」と呼ばれるこの段階で著しい成長を遂げたのは、検索エンジン、ファイル共有サービス、行政機関のウェブサイト、電子商取引だった。20世紀の末、インターネットの利用者数は毎年2倍のペースで増えていた。[1] グーグルやアマゾンなど、のちにインターネット産業を支配することになる企業のいくつかもこの時期に登場した。一方で、eToys、GeoCities、Webvan、garden.comといったドットコム企業は投資家を満足させられるだけの収益を上げられなかった。

米国のドットコムバブルの崩壊は、数年前のアジア金融危機同様、地域的な不況を招くに留まり、世界的な不況を引き起こすことはなかった。インターネット関連企業が多いナスダック株式市場は２０００年のピーク時と比べて、78％も下落したし、２００1年9月のテロ攻撃で米経済の沈滞は長引いた。それでもこのときの不況は比較的短く、失業率もさほど上昇せずにすんだ。英国、カナダ、オーストラリアなど、多くの国は不況を完全に回避できた。

行動経済学を切り開いたダニエル・カーネマン

プリンストン大学のダニエル・カーネマンが行動経済学を発展させた功績でノーベル経済学賞を受賞したのは、2002年だった。経済学賞はもとからあるノーベル賞ではない。スウェーデン国立銀行の創立300年を記念して、1969年に設立されたものだ。経済学者以外のあいだでは、ときどき本物のノーベル賞ではないといわれることもある。とはいえ経済学者にとってはやはり最も名誉ある賞だ。

カーネマンは心理学者であり、ホモ・エコノミクス（経済人）という従来の合理的な人間モデルに反する数々の研究成果を発表している。わたしたちが蚊に刺されて死ぬ確率は鮫《さめ》に襲われて死ぬ確率より8000倍高く、自動車事故で死ぬ確率は飛行機事故で死ぬ確率より4000倍高い[2]。ところが多くの人は蚊や自動車よりも鮫や飛行機を怖がっている。

わたしたちはスロットマシンでお金をむだにする一方で、老後の貯蓄には十分にお金を回そうとしない。レストランはメニューにあえて高価な料理を載せることで、客に出費を増やさせている（高価な料理が載っていると、妥当と感じられる値段の基準が上がる）。ネットショップは時間制限を設けた「タイムセール」で顧客に不必要な買い物をさせようとする。わたしたちがつい夜更かしをしてしまうのは、コメディアンのジェリー・サインフェルドの言葉を借りれば、「5時間しか寝ないせいで苦しむのは、（未来の自分と現在の自分を同一視せず）『朝のあいつ』」と考えるからだ。

カーネマンの功績は、行動経済学を一連の好奇心をそそる結果に留めず、意思決定の理論に組み込んだことにあった（その研究は心理学者エイモス・トベルスキーと共同で進められたものであり、トベルスキーも、1996年に死去していなければ、ノーベル賞を共同受賞していただろう）。

カーネマンによると、脳はふたつの「システム」を使っているという。[3] ひとつは、処理速度が速く、直感的で、感情的なシステム1。システム1の思考は、認知バイアスが働きやすい。認知バイアスには、例えば、値下がりした商品を買ってしまいやすい「アンカリング・バイアス」や、楽観的な計画を立ててしまいやすい（そのせいで当初の計画より時間や費用がかかる）「計画錯誤」といったものがある。システム1が使われるのは、とっさに判断するときや、経験則を当てはめるときだ。

システム2はもっと合理的だが、処理速度は遅い。2×2の計算で使われるのがシステム1、17×24の計算で使われるのがシステム2だ。システム2のほうが労力を要し、それだけ合理的にものを考えられる。購入する洗濯機を決めるようなときは、最善の選択ができるよう、システム2を働かせるだけの価値がある。

カーネマンがいわんとしているのは、どんな場合も計算をして、合理的に判断するべきだということではなく、どういう場合に認知バイアスによって手痛いミスを犯しやすいかを知っておくといいということだ。

大学の授業でも行動経済学は経済学の一科目としてすっかり定着している。人々がどのようにリスクを負ったり、保険をかけたりするか、どのように現在と未来を秤《はかり》にかけるか、人々のよりよい判断をナッジする（そっと後押しする）にはどうすればいいかといったことを研究するとき、行動経済学の知見はとりわけ重要になる。

地球温暖化と「スターン報告」の提言

現在、人類が決断を迫られている重大な問題のひとつに、地球温暖化がある。2005年、経済学者ニコラス・スターンが英国政府から依頼を受けて、経済への気候変動の影響を調査した。翌年提出されたその報告書（通称「スターン報告」）は、気候変動の影響について書かれた最も重要な経済報告となった。

1世紀近く前のケンブリッジ大学のアーサー・ピグーによる研究以来、経済学者のあいだでは外部性という概念がよく知られていた。例えば、黒煙を吐き出す工場が洗濯店の隣に立っていて、工場の稼働によって洗濯物が煤《すす》で真っ黒になってしまうとしよう。これは市場の失敗といえる。なぜならこの工場は洗濯店にコストを課しながら、みずからはそのコストを負担していないからだ。

いちばん単純な解決策としては、洗濯店がある区域では工場の建設を禁ずるという方法(あるいは逆でもかまわない)が考えられる。そのほかには、洗濯店が被る損害と同等の額を工場に課税するという手もある。そのような課税は「ピグー税」と呼ばれる。また経済学者ロナルド・コースは、取引費用が十分に小さければ、当事者間の交渉で効果的な解決策を見出すことも可能だと提言している(ただ現実にはなかなかそういうことは行われないだろうとも、コースは認めている)。

スターン報告書は、気候変動を史上最大の市場の失敗だと結論づけた。炭素の排出は社会に莫大なコストを強いているのに、排出者は排出量を減らそうとするインセンティブをほとんど与えられていない。このまま野放しにすれば、気候変動の悪影響が食料生産にも、水の供給にも、人々の健康にも及ぶだろうとスターンは指摘した。

水不足や、洪水や、飢饉が発生したら、何百万という数の人が影響を受け、世界大戦に匹敵する規模の混乱が起こる。それらのコストは、世界の総収入の5%に相当するものになるだろう。最大でその数字は20%にまで高まる恐れがある。それだけの収入が毎年毎年、いつまでも失われ続けることになる。

それよりもはるかに少ない費用（世界の総収入の約1％）で、温室効果ガスの排出量を大幅に削減でき、気候変動の最悪の影響を抑えることができると、スターン報告は最後に結論づけていた。成否を分けるのは、どちらにしてもなされる投資（エネルギー生産の近代化や交通網の再整備など）を、炭素の排出量の削減につながる形で行えるかどうかだとされた。

未来の世代の幸福を重視するための「低い割引率」

気候変動に関する政府間パネル（IPCC）の科学的な報告書をきっかけに、以前から、気候変動の問題に対する関心は世界的に高まっていた。科学者の中には、地球は新しい地質年代「人新世」に入ったと主張する者もいた。スターン報告はそこに経済的な観点を与え、行動を起こすことで得られる利益が、行動のコストを上回ることを明らかにした。

スターン報告の議論の中心をなしているのは、未来を現在とほぼ同等に重んじ、未来に標準的な経済割引率を適用しないという姿勢だった。これは長期的な意思決定について分析するときの、経済学者の一般的な考え方とは違っている。例えば、高速道路を建設すべきかどうかを検討するとき、政府はその建設からもたらされる未来の利益をたいてい割り引いて考える。建設にかかるお金をほかの投資に回せば、将来、もっと多くのリターンが得られると考えるからだ。

気候変動の問題では、それとは違う分析がされる。もし標準的な経済割引率を使って、将来のコストを低く見積もったら、未来の人々の生活の価値は現在のわたしたちの生活の価値よりも低いと主張するのと変わらない。

米国の行政管理予算局はインフラの整備計画の査定では、最大7％の割引率を使うよう指示している。しかし7％という割引率を適用したら、利益が得られるのが10年後の場合、利益はコストの2倍でなくてはならない。利益が得られるのが100年後の場合には、コストのじつに868倍でなくてはならない。

これを個人の場合に当てはめたら、100年前の人には、ひとりにつき現在の人の868人分の価値があることを意味する。しかし、ジョージ5世に今の高校一校分の人間の価値があるなどと本気で思える人がいるだろうか。そのようなばかげた結果を避けるため、スターンは低い割引率を使って、未来の世代の幸福がもっと重んじられるようにした。

スターン報告が発表されると、経済学者のあいだで割引率を巡る議論が沸き起こったが、今では、報告書の主な結論は広く受け入れられている。これまで経済学者たちは政府と協力して、さまざまな排出削減策を考案してきた。そのかいもあって、大半の先進国で排出量は減っている。

大きな課題になっているのは、世界の総排出量の3分の1を占め、近年も増加の一途をたどっている中国の温室効果ガスだ。低所得国に排出量の削減をどのように促していくかが、現在、史上最大の市場の失敗を是正しようとする取り組みの中心になっている。

「消費者余剰」と「生産者余剰」

とはいえ、市場は必ず「失敗」するわけではない。売買という単純な行為から生まれる価値の大きさを把握するうえで、市場は役に立つ。朝、自宅で淹《い》れる1杯のコーヒーの値段は、わたしたちが1杯のコーヒーに払ってもいいと考える金額の上限より、たいていは低いだろう。その値段の差を経済学では「消費者余剰」と呼ぶ。同じように、カフェで販売されているコーヒー1杯の値段は、カフェの店主が許容できる値段の下限よりは高いだろう。その値段の差は「生産者余剰」と呼ばれる。

２００５年、カナダのブロガー、カイル・マクドナルドが赤いペーパークリップ1個から最終的に一軒の家を手に入れるまでの物々交換を通じて、この原理がいかなるものであるかを鮮やかに示してみせた。

最初に交換したのは、赤いペーパークリップと魚の形をしたペンだった。次にそのペン

赤いペーパークリップでマイホームを手に入れたカイル・マクドナルド。

を手作りのドアノブと交換した。さらにそのドアノブをアウトドア用こんろと交換した。そのように交換を重ねて、ついに14回目の交換で、映画の役と引き換えに小さな1軒の家を取得した。

マクドナルドは交換のたび、古いアイテムよりも新しいアイテムに高い価値を見出したが、相手は逆に、自分が持っている新しいアイテムよりもマクドナルドが持っている古いアイテムに高い価値を見出していた。マクドナルドは家を手に入れただけではなく、そこに至る14回の交換を通じて、毎回、相手を幸せにしてもいたのだ。

サブプライムローンと「世紀の空売り」

マイホームに憧れたのはマクドナルドだけではなかった。2005年、米経済はドットコムバブルの崩壊から早くも立ち直って、住宅ブームが始まっていた。おりしも世界じゅうの先進国で住宅価格が上昇しているときだった。1995年、先進国の首都では、ふたりの子どもを持つ中所得の夫婦の7年ぶんの収入で、60平方メートルのマンションが購入できた。それが2005年には、10年ぶんの年収が必要になっていた。[4]

米国では特に物価の上昇が急激だった。2007年、経済学者ロバート・シラーがローラーコースターのシミュレーターを使って、20世紀の米国の住宅価格の推移を表した。[5] シミュレーターのローラーコースターは何度となく、急な傾斜を勢いよく昇ったり降ったりしたあと、最後に長い急坂を昇り始めた。最後にたどり着いたのは、それまでで最も高い場所だった。

物価が上昇する一方で、融資基準は低下し続けた。カリフォルニア州ベーカーズフィールドでは、英語が話せない年収1万4000ドルの苺《いちご》の収穫作業員が、7万2000ドルの家を全額融資で購入できた。[6]

この通称ニンジャローン〔無収入（No Income）、無職（No Job）、無資産（no Asset）の頭文字を取って、NINJA（ニンジャ）ローンと呼ばれる〕は、物価の上昇が続くことで、借り手が借金を借り換えられるようになることを前提にしたものだった。さらに銀行はこのローンを「証券化」していた。つまり債権をひとまとめにして、投資家に販売していたのだ。そうすることでリスクを広く分散でき、市場の成長を速められるというのが、その理論的根拠だった。

問題は、それによってインセンティブが変わってしまうことにあった。従来、銀行は住宅の購入資金を貸し出せば、借り手が返済不能に陥って、貸したお金が返ってこないというリスクを負った。ところがローンが証券化されると、もはやそのようなリスクはなかった。ここから返済能力のない人に対しても、とにかく多額の融資をしようとするインセンティブが生まれた。

男女の賃金格差

全世界で、女性の時給は男性の時給より20％低い。[7] これはかなりの差といえるが、差はしだいに狭まっている。1960年代の男女の賃金格差は今の2倍だった。[8] ヨーロッパでは、1300年から1800年までのあいだ、さらに男女の賃金格差が大きく、女性はたいてい男性の半分しか稼げなかった。[9]

男女の賃金格差はなぜ生まれるのだろうか。歴史的には、女性は男性に比べ、正規の教育を受けていないということがひとつの要因だった。これは現代には当てはまらない。今では大半の国で女性の学歴が男性の学歴を上回っている。それよりも重要な

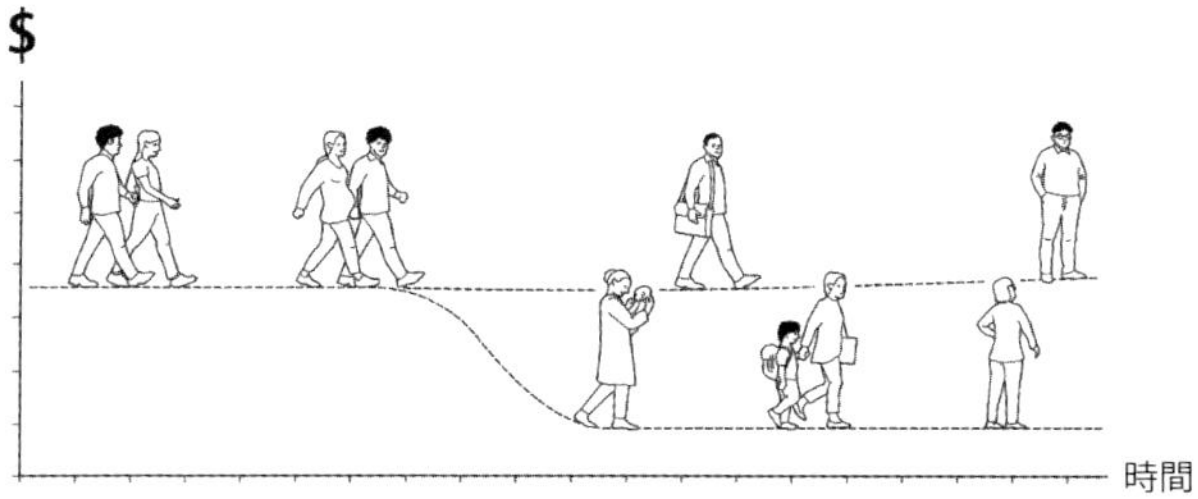

2023年、クラウディア・ゴールディンが「女性の労働市場の動向についての理解を前進させた」功績により、ノーベル経済学賞を受賞した。スウェーデン王立科学アカデミーはその発表に合わせて、1枚の風刺画を公開した。この絵には、子育てにおける男女の役割が男女の賃金格差にどのように影響しているかを明らかにしたゴールディンの研究の成果が表現されている。

要因となっているのは、男女がそれぞれ従事している職種だ。ケアエコノミーは女性の働き手で占められていて、賃金が低い傾向にある。一方、エンジニアリングやプログラミングといった職種は男性の働き手で占められ、賃金は平均賃金よりも高い。

かつては、男女ともに自由に職業を選択していると考える経済学者もいた。近年の研究で、そのような見方は否定されつつある。例えば、女性は男性より職場で性的ハラスメントを受けやすく、そのハラスメントのせいで特定の職業に就くのを躊躇していると考えられる。もし技術職の職場で性的ハラスメントの発生率が高かったら、女性がその職業を選びにくなることにより、男女の賃金格差は広がりうる。
もうひとつ性差別という要因もある。過去1世紀をかけて減ってきているとはいえ、女性は職場で男性よりも強い性差別を感じている。これについてはトランスジェンダーを対象にした興味深い研究がある。それによると、女性に性転換した人には賃金が下がる傾向が見られ、男性に性転換した人には賃金が上がる傾向が見られるという。[10]
おそらく現代の男女の賃金格差の原因として、いちばん大きいのは、いわゆる「母親ペナルティー」だろう。多くの国で、子どものいない男女の収入の軌跡には、さほど目立った差がない。ところが子どもがいる場合、女性のほうが就労していない期間が一般に長い。女性は子どもを持つと、たいていは収入が減るか、横ばいになってしまう。これはひとつには母親になるとパートタイムで働くことが多いからだが、魅力的な経歴を積めないという理由もある。ときにそれは「マミートラック」とも呼ばれている。労働市場で経験を積めない女性は、それだけ男性よりも賃金が低くなる。
この賃金格差がとりわけ大きいのは、ハーバード大学の経済学者クラウディア・ゴールディンがいう「貪欲な仕事」においてだ。[11]多くの国で、女性はCEOや弁護士、政治家、外科医など、「時間集約型」の職務を担っている割合が圧倒的に少ない。昇進と家庭の両立を図ることがむずかしい職業ほど、男女の賃金格差は大きい。また、保育サービスの整備が遅れている国でも、男女の賃金格差は大きい。

母親ペナルティーの影響として注目すべきなのは、時給ではなく生涯収入で比べると、男女の賃金格差がさらに広がるということだ。先進国でも、母親の平均生涯収入は、男性の生涯収入の半分にしか満たない。これは500年前の男女の時給差と同じだ。[12]

投資銀行ゴールドマン・サックスは、リスクの高い「サブプライム」の住宅ローンをひとまとめにして、不動産担保証券として販売した金融機関のひとつだった。それらの証券の購入者は、事実上、数多くの不動産担保の部分的な所有者になった。これにより、ニンジャローンで住宅を買った誰かしらが返済に行き詰まったときの、投資家が負うリスクは低減された。ただし、住宅市場全体が不振に陥った場合には、大きな打撃を被る恐れがあった。

ゴールドマン・サックスはこの金融商品を大々的に売り出し、退職年金基金にも買わせた。ゴールドマン・サックスのあるトレーダーは、サブプライムの不動産担保証券を「寡婦や孤児」にも売ったと誇らしげに語った。その一方で、ゴールドマン・サックスは、住宅市場の下落に賭ける取引もしていた。「世紀の空売り」として知られるようになった取引だ。ゴールドマン・サックスはのちに、顧客に販売している商品とは反対の側に賭けていることを隠していた事実はないと弁明した。

市場が崩壊すると、米国の平均住宅価格は約5分の1下落した。2008年の時点で、住宅ローンを組んでいる人の10人にひとりが「ネガティブ・エクイティ」の状態、つまり住宅の資産価値が住宅ローンの残高を下回った状態に陥った。その結果、全米で何百万という人々がローンを返済できなくなり、自宅を失った。

しかしそんな中、ゴールドマン・サックスは好業績を維持していた。2009年の利益は130億ドルにのぼり、何十億ドルというボーナスが社員に支払われた。CEOのロイド・ブランクファインは900万ドルのボーナスを受け取った。

この金融危機は、全員が「関与」していたことから、アガサ・クリスティの『オリエント急行殺人事件』に喩えられた。強欲な銀行家も、信用格付け機関も、だまされやすい住宅の購入者も、たるんだ政策立案者もそれぞれ責任の一端を担っていた。この事態に対し、G20は協調行動を起こし、世界の20大経済で財政刺激策が実施された。それでも後遺症に長く苦しむ国が多かった。

米国では、黒人の失業率が10%を超え、その状態が6年以上続いた。ただし、白人の失業率は一度も2桁台に達しなかった。[13]こういう現象はどの国でも不況のときによく見られる。教育と資産が緩衝装置として働き、危機の影響を受けにくくするからだ。一方で経済学者たちは、ここに生活の不安定さと不利益とが連動することを読み取っている。

汚職が経済成長を妨げている

開発経済学者が近年指摘することが増えているのは、経済の停滞を招く汚職の影響だ。２００９年にマレーシアのナジブ・ラザク首相が設立した政府系ファンド「１ＭＤＢ」は、何百万ドルという公金をラザクの所属政党の政治活動や、取り巻きの個人的な支出に流用するのに使われた。

この不正の首謀者であるジョー・ロウは、ロンドン、ニューヨーク、ロサンゼルスでそれぞれ何百万ドルもする大邸宅を買ったり、３５００万ドルのビジネスジェット機ボンバルディア・グローバル５０００を購入したり、飛行機でシドニーからラスベガスへ飛んで、両方の都市で大晦日《おおみそか》を祝うなどという趣向を凝らした数日がかりのパーティを開いたりした。盗まれたお金は、映画『ウルフ・オブ・ウォールストリート』（詐欺で儲けた株式ブローカーとその豪奢《ごうしゃ》な暮らしを描いた映画だ）への出資にも使われた。一時、ロウは世界の誰よりも自由に使えるお金を多く持っているといわれた。

汚職を研究する経済学者は、汚職がさまざまな形で経済成長を妨げていることを指摘している。インドネシアの大統領スハルト、コンゴの大統領モブツ、フィリピンの大統領マルコスによる横領はそれぞれの国の経済成長の足を引っ張って、不平等を拡大させた。盗まれた公金は豪邸や、高級自動車や、ヨットとなって消え、公的医療や教育に使うことができなかった。

ビジネスでは、汚職はものの値段を引き上げ、イノベーションを不活発にし、まじめな公務員の働く意欲を削ぐ。汚職が蔓延するのは、経済力と悪辣な政治家とが陰で結びつくときだ。ある研究者は汚職を深刻にする要因を次のように等式化している。汚職＝独占＋自由裁量－説明責任。[14]

汚職を防ぐための取り組み

経済学者は汚職を可能にする要因として、近年、租税回避地の役割にも注目している。1MDBのお金が使い込まれたのは、英領バージン諸島の銀行口座に預けられていたからだった。

パナマ文書、パンドラ文書、レクセンブルク・リークスといった機密文書の公開で、麻薬王や独裁者、資金洗浄業者、超大富豪といった者たちによる租税回避地の利用が世界的に広がっている実態が明らかになった。ある推計によると、海外口座の5ドルに4ドルは、それぞれの国の税法に違反するものだという。[15] 最近は、この問題の規模について経済的な研究が進められたことで、租税回避地に対して、各国の税務当局と情報を共有するよう求める圧力が高まっている。

低所得国では、経済協力開発機構（OECD）と国連開発計画（UNDP）の「国境なき税務調査官」制度によって派遣された専門家が厳格な税務監査の実施を手伝ったり、指導したりしている。この取り組みで、監査料の100倍も税収が増えた事例もある。

そのほかに、「不当債務」という概念も役に立っている。独裁者に貸しつけられたお金はその国の政府への正当な融資ではなく、個人への融資と見なされるべきであるという国際社会の合意が、この概念のもとに生まれた。[16]「不当債務」という発想は貸し手のインセンティブを変えるものだ。独裁者の武器の購入を助ける融資は、その国が民主化したとき、無効になるとわかっていれば、銀行はそのような融資を思い留まるようになるだろう。さらに銀行が融資をやめることで、独裁者の資金源も絶てる。

資産運用者たちは無能なのか？

金融危機後、経済が成長軌道を取り戻すと、それと同時に、世界の資産運用者たちがいっていることはたわごとにすぎないのではないかという疑念が着実に広がっていった。例えば、ある研究者がトム・ピーターズとロバート・ウォーターマンの『エクセレント・カンパニー』で取り上げられた43社の「その後」を追ったところ、わずか2年のあいだに3分の1の企業が経営難に陥っていることがわかった。[17] 当時、最も影響力があったビジネス書で最も優れた企業と称えられても、実力はその程度だったのだ。あるいは、6歳のチンパンジー（その名をレイブンといった）がダーツを投げて株式の銘柄を選んだところ、ウォール街のほとんどのブローカーよりも好成績を収められたということも話題になった。[18]

ファンドマネジャーの手腕は、株式の市場平均を上回れるかどうかによって試される。最近の報告によると、米国のアクティブ運用（市場平均以上の成績を目指す運用手法）による株式ファンドの65%が、1年間の運用で市場平均を下回っているという。[19] これはいい換えると、アクティブ運用されているファンドの3分の2が市場平均よりも成長していないということだ。5年という期間で見ると、市場平均を下回っているファンドは88%に達する。10年ではじつに92%のファンドの運用成績が市場平均を下回っている。

問題は資産運用者が無能であるということではない。そうではなく、経済学の理論でいわれているのと違って、運用で株式の市場平均を上回るのはむずかしいということだ。ある企業の株式を売るか、買うかの判断を下すとき、アナリストはありとあらゆる情報を分析して、その企業の商品や経営陣や市場環境を正しく理解しようとする。衛星写真で駐車場の車の台数を数えて、小売りの需要を推定するとか、長期の気象予報から作物の収穫高を予測するとかいったこともしている。アルゴリズム取引モデルでは、市場全体からわずかな価格の差を見つけ出し、ミリ秒という時間内にその差が利用される。

株式市場には効率的市場仮説と呼ばれる基本原則がある。すなわち「公開されているあらゆる情報が株価に反映する」という原則だ。しかし「内部者（インサイダー）」の情報にもとづく取引は違法とされる。したがって、たいていのアクティブ運用型のファンド（とほとんどの個人デイトレーダー）は、株式市場の平均リターンを上回ることができない。ある経済学者がよくいっているように、道端に20ドル紙幣が落ちていたら、たいていは誰かが先に見つけて拾ってしまっているので、自分がそれに巡り会うことはめったにない。

インデックスファンドとは何か？

アクティブ運用とは別の一般的なファンドに、インデックス（株価指数）運用のファンドがある。インデックス運用のファンドは、単純に株式市場に上場している企業の株式を、市場に占める割合ぶんだけ保有している。例えば、S&P500という株価指数にもとづくインデックス運用のファンドは現在、アップル株7％、シェブロン株1％、フェデックス株0・1%のほか、同インデックスのほかの497の銘柄の相応の比率で構成される。インデックスファンドの運用益は、対象とする株価指数と連動するように設計されていて、そこから運用手数料が引かれる。株価指数に合わせる作業には手間がさしてかからないので、インデックスファンドの手数料は、銘柄の選定者にお金を支払うアクティブファンドよりもはるかに安いことが多い。

バンガードの創業者ジャック・ボーグルが1975年にインデックスファンドを考案したとき、批評家たちからは「愚の骨頂」と蔑まれた。しかし2010年代に入る頃には、インデックスファンドはもはや無視できない存在になっていた。

ある推計では、2011年に米国の株式市場の5分の1の株式が、この受動的な手法の運用者によって所有されていることが示された（その数字はその後の10年でさらに5分の2にまで上昇した）[20]。S&P500の企業の10分の9で、インデックスファンドの3大運用会社（バンガード、ブラックロック、ステート・ストリート・グローバル・アドバイザーズ）のいずれかが筆頭株主になっている[21]。

経済学者は多くのことで論争を繰り広げているが、40人のトップ経済学者（ノーベル賞受賞者数人を含む）を対象にした調査では、インデックスファンドに投資するほうが好結果を得られるという考えには、誰ひとりとして異を唱えていない[22]。

意外にもウォーレン・バフェットもインデックスファンドを支持するひとりだ。本人はアクティブな投資家ながら、ほとんどの人にとっては、手数料のかからないインデックスファンドに投資するのが賢明だと考えている。2017年に書かれた投資家への手紙には次のようにある。「米国の投資界に最も大きな貢献をした人物を称え、彫像を立てるとしたら、誰の彫像を立てるだろうか。それは決まっている、ジャック・ボーグルだ」。

金余りが招いた低金利と中央銀行が頼った「量的緩和」

2010年代は世界じゅうで、前例のない規模の金余りが起こった時代でもあった。カナダの年金基金から貯蓄率の高い中国の家計まで、世界的な過剰貯蓄が金利をじわじわと押し下げた。ハーバード大学のローレンス・サマーズは、このままでは世界規模で生産と成長がにぶる「長期停滞（セキュラー・スタグネーション）」に突入すると警告した。ジョージ・メイソン大学のタイラー・コーエンは、20世紀が経験した、教育や、人口移動や、電力や、移動手段のマス化という大変革と比べると、コンピュータ化やスマートフォンがもたらした経済的な利益はどちらかといえばつつましいものだったと論じた[23]。コーエンによれば、確かにウィキペディアや、ユーチューブや、グーグルといったインターネット上のイノベーションは知的な好奇心を育んだが、生産性には限られた影響しか与えなかったという。一方で、生産性へのコンピュータの影響は、石炭や電力のときと同様、その登場から数十年後に現れるという楽観的な見方もある。

低金利は金融政策の立案者には厄介なものだった。イングランド銀行のアンディ・ホールデンは500年前まで遡ってデータを調べ、これほど金利が下がったことは過去に一度もないという結論に達した。[24] ホールデンにいわせると、中央銀行が金利を上げようとするのは、子どもが木の枝に引っかかった凧《たこ》を取ろうとして、小石を拾っては投げ拾っては投げするようなものだった。資産の買い入れも、流動性スキームも、フォワードガイダンス（先行き指針）も、金利を引き上げる効果はなかった。2010年代末になると、多くの中央銀行がデフレーションとの闘いを強いられていた。

この時代の中央銀行はどこも「ゼロ金利制約」という問題を抱えることになった。この問題はマイナス金利を課すことのむずかしさから生まれていた。なんのコストもかからずに現金を保有しているとき、返ってくる金額が減ることがわかっていて、わざわざ銀行に現金を預けたいと思う人がいるだろうか。中央銀行はそこで「量的緩和」に頼り、金融資産を買い入れることで経済を支えようとした。2010年末の時点で、4カ国の中央銀行（米連邦準備制度理事会、イングランド銀行、日本銀行、欧州中央銀行）が保有する金融資産は合計で20兆ドルを超えていた。これはほぼ米国の1年間の経済産出高に匹敵した。[25]

「トランプ関税」とブレグジットによる悪影響

この時期の経済的なダメージの中にはみずから招いたものもあった。米国は、半世紀以上にわたって、貿易障壁を削減するという世界的な取り組みの先頭に立ってきたのに、2018年に突然、180度方向転換し、鉄鋼とアルミニウム、それに中国からの輸入品の多くに関税を課した。ドナルド・トランプは関税の導入を発表した時、それを外国人に罰を与えるためのものと述べたが、実際には、負担を被ったのはおおむね米国人だった。米国の家計にとって、このトランプ関税は、過去数十年で最大規模の増税に等しかった。[26]

また米国では鉄鋼産業で働く人よりも、建設や自動車製造など、鉄鋼を使う産業で働く人のほうが多かったので、創出された雇用数の推定16倍の雇用が失われた。[27] さらに、貿易相手国も対抗措置として関税をかけたことから、関税を課された品目の輸出量は10％減少した。[28] 勝者より敗者のほうが多く生まれるのは、軍事戦争も貿易戦争も同じだった。

2016年の英国の国民投票では、52％の英国人が欧州連合（EU）からの離脱に賛成する票を投じ、2020年、EUからの離脱が実行に移された。このEU離脱（ブレグジット）により、英国に拠点を置いていた多くの企業がヨーロッパ大陸へ移転した。また英国の輸出入業者は先行きの不透明な状況に置かれた。

EU離脱は英国とヨーロッパ大陸間の人・モノ・サービス・資本の流れを妨げるものだった。英国の予算責任庁はEU離脱による長期的なコストを英国の収入の4%と見積もった。[29] 経済学者はこぞってEU離脱に反対したが、体制への反発や、反移民感情や、国際機関への不信といったものを原動力とするEU離脱運動には歯が立たなかった。

広がる経済学のテーマ

21世紀に入ると、経済学者が関心を向けるテーマが広がった。汚職も研究すれば、気候変動も研究した。それらはかつてなら経済学で扱える対象ではないと見なされたものだった。経済学者たちは純粋な合理的モデルの限界を悟り、人々がなぜ浪費したり、食べすぎたりするのかを説明するため、行動経済学を使うようになった。

穀物法やスムート・ホーリー関税法を巡って議論が繰り広げられたときと同じように、トランプ関税とブレグジットで示されたのも、たとえ門戸開放が経済学的には正しくても、選挙では得てして孤立主義が票を獲得しやすいということだった。

第13章

パンデミックとその後

新型コロナウイルスがもたらした世界経済の停滞とふたつの発明

２０２０年初頭、新型コロナウイルスの流行によって世界経済が１９３０年代の大恐慌以来最悪の停滞に見舞われた。ロックダウンが各国で相次ぎ、２０２０年第２四半期の世界総収入は５％下落した。[1]事業投資が激減し、観光や移住がほぼなくなり、サービス業の売上が大きく落ち込んだ。

すべての先進国の経済が不況に陥った。職を失った人の数は全世界で４億人にのぼった。[2]前年の世界の政府債務の合計額は、世界総収入の10カ月ぶんだった。それが２０２０

年には1年ぶんにまで急増した。[3]

このコロナ禍では、重要な発明がふたつ生まれた。新型コロナウイルスの検査法とワクチンだ。新型コロナウイルスの検査法は、経済学でいうところの「情報問題」の解決に役立った。これにより感染者が症状の初期段階でみずからを隔離して、ほかの人にうつすのを防げるようになった。

ワクチンの効果も大きかった。ワクチンを接種した人の死亡率は接種していない人に比べ、10分の1以下に低下した。[4] ワクチンは感染の拡大を抑えることで、大きな正の外部性、つまり第三者への利益ももたらした。各国政府が国民のワクチン接種を無償にしたのは、そのような正の外部性があったからだ。

はげしいインフレと中央銀行への批判

金融政策の立案者たちが不意を突かれたのは、ロックダウンの解除がインフレに影響を与えたときだった。抑えられていた家計の支出がロックダウンの解除でいっきに解き放たれた。さらにロシアによるウクライナ侵攻でエネルギー価格も高騰した。中央銀行は突然、1970年代のオイルショックのときに匹敵するはげしいインフレと向き合うことになった。

インフレ抑制のために求められるのは金利の引き下げではなく引き上げなので、特殊な金融施策を講じる必要はなかった。問題は、金利を上げると、住宅ローンを抱える人や、低金利に慣れた企業が打撃を受けることだった。多くの人にはなぜ中央銀行がもっと早く行動を起こさなかったのか、なぜ低インフレ・低金利が進むという誤った予測をしたのかがわからなかった。

これは経済学全般とも共通する課題だった。すなわち、予測はむずかしいということだ。気象予報士やスポーツの予想屋と同じで、中央銀行も将来何が起こるかについて、つねに確信を持てるわけではない。野球界の賢人ヨギ・ベラも次のようにいっている。「予測はむずかしい。とりわけ将来のことを予測するときは」と。

学術界の経済学者は、あまり予測を信用していない。危機はたいてい思いがけない出来事から生じるからだ。軍事衝突やパンデミック、飢饉、倒産、デフォルト、貿易戦争といったことは、もっと動きの遅い変数にしか注目しない経済モデルでは、計算に入っていないことが多い。

予測が外れたことを叩かれただけでなく、中央銀行はほかにも数多くのことを批判された。なぜ政府債務の増大を避けるための措置をもっと講じなかったのか。オーストラリアやアイルランドや米国では、なぜ21世紀初頭のわずか10年で住宅価格が2倍になるのを許してしまったのか。なぜ家計の債務がこれほどまで膨らむのを許してしまったのか。

これらの問いには、「ティンバーゲンの定理」で答えられる。手段がひとつしかない場合、目標もひとつに絞らざるを得ないことを指摘したのがティンバーゲンの定理だ。

中央銀行は金利を主な手段にしている。ティンバーゲンの定理によれば、住宅価格が高騰し、インフレ率が目標値に達していないとき、中央銀行はそれらの問題の両方を同時に解決することはできない。同じように、うなぎ上りのインフレが家計を直撃する一方で、身の丈以上の住宅ローンを抱える家計があるとき、中央銀行はどちらの問題を解決するかを選ばなくてはならない。

生産の集中や独占による弊害

コロナ禍でサプライチェーンが寸断されたのは、ひとつには、以前から多くの市場で生産集中度が高まっていたことが原因だった。米国では、流通している粉ミルクのほぼすべてが一握りのメーカーによって生産され、輸入がきびしく制限されている。最大手アボット社の主力工場が衛生上の問題で稼働停止に追い込まれると、たちまち危機が発生した。一時、全米の7割のスーパーマーケットで商品棚から粉ミルクが消えた。生産者の少なさのせいで供給が滞った結果、困ったのは乳飲み子を抱えた親たちだった。

シカゴ学派の「独占は消費者の役に立つことが多い」という競争政策観には、しだいに疑念の目が向けられるようになった。生産の集中度が高まる現象は、粉ミルク（10分の9が4社によって生産されている）から棺桶《かんおけ》（上位2社が全棺桶の5分の4を生産している）まで、文字どおり揺りかごから墓場まで、あらゆる市場で見られた。

集中度が高まったのは、大手企業が競合企業以上に業績を伸ばしたことばかりが理由ではなかった。シカゴ学派の「消費者福利の最大化」という考え方に従って、競争当局や裁判所が数々の合併を認めてきたことも背景にあった。フェイスブックによるインスタグラムの買収然《しか》り、グーグルによるユーチューブの買収然り、アンハイザー・ブッシュ・インベブによるSABミラーの買収然りだ。

しかしこういう状況を目の当たりにした経済学者たちは、市場の集中度の上昇によってもたらされる弊害を心配した。年間収入で見れば、大企業は国家と肩を並べる規模になっていた。ウォルマートはタイと同等、アマゾンはオーストリアと同等、エクソン・モービルはペルーと同等だ。大きいことはいいことではなかったと、経済学者たちは考え始めた。

市場が支配されることへの不安が最も強く感じられたのは、「勝者総取り」が起こりやすいテクノロジーの分野だった。先進国では、「MAMAA」の略称で知られる5社（メタ、アップル、マイクロソフト、アルファベット、アマゾン）がソーシャルメディア、スマートフォン、ソフトウェア、検索、ネット通販の市場を支配し、中国では「ＢＡＴＸ」の略称で知られる4社（バイドゥ、アリババ、テンセント、シャオミ）が検索、電子商取引、ソーシャルメディア、スマートフォンの市場を支配している。

市場集中度の上昇は消費者だけでなく、労働者にも害を及ぼすのではないかという懸念もしだいに高まった。米国の労働者の5人にひとりは、雇用契約を結ぶ際、競合企業への就職を制限する条項への同意を求められている。[5] シリコンバレーでは、企業間で互いのソフトウェア開発者を雇わないという密約が交わされ、それが従業員の賃金下落につながった。かつてジョーン・ロビンソンが懸念したモノプソニー（買い手独占）はいまだに大きな問題であり続けている。

モノプソニーはサプライヤーも害する。「壁に囲まれた庭（ウォールドガーデン）」と批判されるアップルのアップストア（App Store）では、アプリの開発者に対して売上の最大30％の手数料が課されている。同じ懸念は中国でも持ち上がった。アリババが出店者に対し、競合する通販サイトで商品を売らないよう要求していたことが発覚したのだ。アリババは28億ドル相当の罰金を科された。ＭＡＭＡＡとＢＡＴＸの9社は、人工知能の分野でも世界をリードしている。したがって、コンピュータテクノロジーの発展からも多大な恩恵を受けることになる。[6]

テクノロジーの進歩は企業規模を小さくする?

多くの人はテクノロジーによってメガ企業がさらに強大化することを恐れているが、テクノロジーの進歩は企業規模を小さくする可能性もある。ロナルド・コースの企業の境界に関する先駆的な研究では、ある業務を自社で手がけるべきか、それとも外注するべきかは、取引費用と情報費用で決まるという説が唱えられている。

オンラインのプラットフォームを利用することで、容易に非雇用型の労働力を確保したり、他の組織との連携を図ったりすることができれば、企業規模は縮小できる。現在すでに、メタのコンテンツモデレーター（コンテンツの監視業務を担う人）の大半はメタの従業員ではないし、アマゾンの配達ドライバーの大半もアマゾンの従業員ではない。将来、三井やスワイヤーやタタといった巨大コングロマリットは、専門化した小さな企業を相手に闘うことになるかもしれない。

アルゴリズムから生まれる由々しい事態

競争政策だけがコンピュータテクノロジーの進歩や利用の影響を受けている分野ではな

い。数学者のハンナ・フライがアルゴリズムから生まれる由々しい事態をいくつか紹介している。[7]

例えば、自分の名前をグーグルで検索したとき、アフリカ系米国人は白人よりも高い確率で、犯罪歴のある人を対象にした広告を目にした。女性は男性に比べ、ネット閲覧時に高給の重役職の求人広告を提示されることが少なかった。

あるいは笑い話のような事例もある。英国のスーパーマーケットチェーン、テスコがある女性客から、夫と共有しているテスコのメンバーズカードのサイトを見たら、「お気に入り」の欄にコンドームが表示されていたという苦情が寄せられた。女性は身に覚えがないので、システムの不具合だといい張った。じつは不具合ではなかったのだが、店は夫婦げんかの原因を作らないよう、データのエラーを丁重に謝罪した。

米国の司法制度では裁判官が判決を下すに当たり、アルゴリズムを使って再犯の可能性を計算することがある。[8]ところが判決につながったその情報は、場合によっては被告に開示されない。

中国では、何百万人もの市民が「社会信用システム」によって「信用度」が低いと格付けされたせいで、航空や高速鉄道の利用を制限されている。「社会信用システム」は個人の「信用度」をポイント化して格付けする制度で、横断歩道以外で道路を渡ったとか、高齢の両親と会おうとしなかったとか、ネット上で政府を批判したとかいった理由で、「信用度」が減点される。

ビッグデータの活用

社会心理学者のショシャナ・ズボフは、企業による個人データの利用を「監視資本主義」と名づけて、それがいかにターゲット広告の増大や、ユーザーデータを求める企業の需要の拡大につながるかを指摘している。[9] 前述の例に見られるように、ビッグデータの活用には不平等を拡大する危険がある。ただし経済学者の中には、大規模なデータベースを使うことで、かつてなら答えられなかった問いに答えようとしている者もいる。オポチュニティー・インサイツ研究所で経済的機会の研究にビッグデータを使っているハーバード大学のラジ・チェティはそのひとりだ。

チェティの研究チームは、ほぼすべての米国人の過去約30年ぶんの納税データを使って、経済的な流動性（所得階層の上昇や下降の傾向）を分析した。[10] それによると、1940年代に生まれた人は、10人中9人近くまで、おとなになったときに親の世代よりも多くの収入を得ていた。ところが1980年代に生まれた人は、わずか半数しか、おとなになったときに親の世代より多くの収入を得ていなかった。

この研究で示されたのは、居住地域の影響が大きいことだった。スラム街が少なく、所得の格差が小さく、教育の質が高く、両親が揃《そろ》っている家庭の割合が高く、犯罪率が少ない郡ほど、貧しい家庭に生まれた人の、おとなになったときの収入が概して高かった。

また別の研究では、米国の居住者7000万人以上のフェイスブックのデータを分析して、友人のネットワークが階層別に形成されやすいことも明らかにしている。[11] 社会経済的な階層の上位10％の人々は、同じ上位10％の友人を下位50％の友人より2倍多く持っているという。友人の種類も上層と下層で違う。上層では大学時代の友人とつき合っている人が多く、下層では地元に親しい友人がいる人が多い。地域別の友人構成も割り出されている。それによると、中西部ではほかの地域に比べ、異なる階層の友人を持つ人が多いという。

法廷経済学

法廷経済学は意外な不正を明らかにしている。[12] ある研究では、スキー場が発表する降雪量と公的な測候所が発表する降雪量とが比較され、スキー場で発表される降雪量のほうが多いこと、しかも週末にその差が広がることが示された。また別の研究では、ワイン専門誌『ワイン・スペクテーター』が目誌に広告を掲載しているワインに対し、他誌での評価よりも高い評価をつけていることがわかった。同じように、一般向けの投資雑誌では、広告主のファンドが勧められる傾向が見られた。

インセンティブが行動を歪《ゆが》めることもある。不動産業者が自身の所有する住宅を売る場合に、どのような行動を取るかを調べた研究では、それらの住宅が売約に平均10日長くかかり、4%高い値で売られていることが明らかになった。教育分野では、ハイステークス・テスト（生徒だけでなく教員の評価にも使われる公的な学力試験）の期間中、成績不良者の停学処分が増えることが経済学者の調査で判明している。またその期間には、給食のカロリーもふだんより高くなる。

フィギュアスケートの採点では、自国選手に高得点がつけられる傾向があることが、法廷経済学で明らかにされている。

法廷経済学は汚職も暴ける。インドネシアの独裁者スハルトが体調を崩したときには、政界とつながりのある企業の株価が軒並み下落した。国連の武器禁輸措置を科された国々で紛争が激化すると、兵器メーカーの株価は上がる。

心理学の研究成果を取り入れて、人間の

数字の作り方には偏りがあることに着目する経済学者もいる。人間には無意識のうちに特定の数字（7など）や連続するペア（「1、2」や「3、4」など）を多く使う傾向がある。ナイジェリアとイランの選挙結果では、そのような数字のパターンが見られ、スウェーデンと米国の選挙結果ではそれが見られなかったという。データが豊富になるほど、法廷経済学で明らかにされる不正は増えるだろう。

チェティの研究は、経済学でデータが重視されるようになってきたことの現れのひとつだ。経済学の学術誌では近年、論理的なモデルだけを提示し、データによる予測精度の検証をしていない論文はめっきり減った。１９６０年代の未就学児の研究以来、無作為化比較試験の活用も経済学の世界に広く浸透していて、因果関係の解明に自然実験を使うことが当たり前になってきた。

コンピュータの性能が向上したおかげで、大規模なデータセットの分析コストも大幅に下がった。２００４年にわたしは博士課程での研究で、１００万人以上のデータセットを分析したが、その10年前だったら、そんなことをノートパソコンで行うのは不可能だっただろう。[13] さらにその10年後には、それまで数時間かかっていた作業が数秒で終えられるようにもなった。ビッグデータの分析は、ムーアの法則（過去数十年でコンピュータの性能を飛躍的に向上させた法則）の恩恵を最大限に受けているといえる。

ビッグデータは性や人種といったセンシティブな領域でも、洞察をもたらしている。セス・スティーブンズ゠ダビドウィッツはインターネット検索の結果を大量に分析し、同性愛に寛容な地域ほど、「わたしの夫はゲイ？」という問いをネットで検索する人が多いことを発見した。[14]そのほかには、人種差別的なジョークの検索数と、２０１６年の大統領選でのドナルド・トランプへの投票とのあいだに強い相関関係が見られた。「わたしの息子には才能があるか？」という問いの検索数は、「わたしの娘には才能があるか？」という問いの検索数と比べ、２倍多かった。一方で、「わたしの娘は太っているか？」の検索数は、「わたしの息子は太っているか？」の検索数よりやはり2倍多かった。人種差別や性差別、同性愛者嫌悪といったものを減らすためには、まずは問題を正しく理解することが不可欠だ。ビッグデータは、世論調査が実施できない領域に分け入っていくことを可能にする。

衛星データが明らかにすること

衛星データも、経済的な繁栄の実態を明らかにするのに役立っている。衛星写真を見ると、夜、富裕国がクリスマスツリーのように輝き始めるのに対し、最貧国が真っ暗になるのがわかる。この現象は一国の経済発展の歴史の中にも見られるものだ。発展を遂げるにつれ、その国の中に、夜に光り輝く場所が増えていく。

米国では、過去の輸送経路の影響がいまだに残っていることも、衛星データからわかる。かつて川が商品の運搬によく使われていた時代には、場所によって「連水陸路」、つまり水路と水路を結ぶ陸路が必要だった。連水陸路が築かれたのは、川と川とが互いに近くを流れていながら、合流はしていない場所だ。そのような場所では、荷物をいったん船から降ろして、陸上を運び、また次の船に積み込まなくてはならなかった。連水陸路が使われなくなってから1世紀以上経った現在でも、それらの場所は経済の中心地として栄え続けている。[15]

また別の研究では、20年ぶんの衛星データの分析から、独裁者が自国の経済成長についてうそをつくことが多いことも明らかにされた。独裁政権が発表する経済指標は、得てして衛星画像に示されているものと矛盾していた。[16]

衛星画像はそのほかに、ブラジルの森林伐採やインドネシアの大気汚染の研究にも使われている。今では、以前よりも格段に画質が向上したことで、ウガンダの個々の農家に何本の木が生えているかとか、ナイロビのスラム街で屋根を修繕した家が何軒あるかといったことまで調べられる。[17]

新たな経済統計の必要性

これらの新しいタイプのデータは、わたしたちにとってほんとうに肝心なことを計測できるよう、経済統計を刷新する必要があることも告げている。例えば、国民所得勘定は、大半の人が農場か工場で働いていた時代に考案されたものだ。

デジタル経済の伸展は統計学者たちに新しい課題を突きつけている。何ドルもらえたら、各種の無料のインターネットサービスの利用を1年間控えるかを一般の人々に尋ねた調査がある。[18]それによると、検索エンジンに対しては1万7000ドル、電子メールに対しては8000ドル、地図に対しては3000ドル、動画配信に対しては1000ドル、それぞれもらえれば利用を控える（逆にいえば、もらえなければ控えたくない）という答えが返ってきたという。国民所得勘定はあくまで付加価値を計測するもので、消費者の満足度を計測するものではないので、そういう無料サービスの恩恵を捕捉できない。

無報酬の労働も経済統計では無視されている。ある男性が女性のハウスキーパーに夕食の調理と、部屋の清掃と、子どもの世話の代金を支払えば、その代金は国民所得勘定に計上され、ハウスキーパーは労働力人口としてカウントされる。ところが、ふたりが結婚したら、女性がまったく同じことをしても、女性はもはや「賃金」をもらえず（夫婦間のお金の受け渡しはすべて家計内の移転と見なされる)、労働力人口にもカウントされない[19]。

フェミニストの経済学者は、無報酬の労働が世界の労働の大半を占めると指摘している。経済統計のデータの収集方法に対しては、オークランド工科大学のマリリン・ウォーリングなどの経済学者から説得力のある批判がなされている一方で、国民所得勘定にはいまだに、拳銃を作る男性の労働は含まれても、赤ちゃんに母乳を与える女性の労働は含まれていないのが現状だ[20]。

これからはスマートフォンを使って、プライバシーも保護しつつ、人々がどのように時間を過ごしているかを把握することが、経済統計改革の鍵を握ることになるだろう。

第14章 経済と経済学の過去、現在、未来

世界はかつてよりずっと良くなっている

報道の内容は報道の頻度で決まると、経済学者のマックス・ローザーが指摘している。[1] 週刊誌の視点は日刊紙の視点とは違い、日刊紙の視点はソーシャルメディアの視点とは違う。では、もし50年に1回という頻度で発行される新聞があったとしたら、どうなるだろうか。そのような新聞では、きっともっと世の中の好ましい長期的な傾向が取り上げられやすくなるだろうと、ローザーは述べている。50年新聞の1面を飾るのは、著名人のゴシップではなく、世界の乳児死亡率が14％から4％にまで低下したという記事や、全世界の

雇用の過半数が今やサービス業で占められているという記事になるだろう。[2]

本書は照明の話から始まった。それはわたしたちの祖先にとっては贅沢《ぜいたく》だったものが、科学技術のおかげで、現在ではほとんどコストを気にせず使えるぐらい安価になっていることを示す一例だった。長いスパンで見れば、経済的な発展に伴ってそういうことがほかにも数多く起こっている。

子どもの医療もそうだ。そのことはアン女王の不運を思い出してみればよくわかる。当時、最高の権力者だったアン女王は、１６８４年から１７００年までのあいだに17回妊娠した。そのうちの16回が死産か、流産か、あるいは子どもの早世に終わった。３００年後の現在、最も貧しい親でも子どもに死なれることは稀だ。衛生と医療の進歩は無数の命を救っている。また今では、実質賃金で見ると、ほとんどの国の労働者が1日で、１９００年の労働者の1週間ぶんの賃金を得てもいる。

農耕からインターネットまで、技術は経済活動における諸革命の原動力となってきた。また比較優位も社会に恩恵をもたらしている。あらゆる労働市場で、分業化が果たした役割は計り知れないほど大きい。もしみなさんがなんらかの技能を磨いた経験をお持ちなら、スペシャリストの集まりのほうがゼネラリストの集まりよりも高い生活水準を実現できるであろうことは、感覚的に理解できるだろう。

同じ原則は、個人間だけでなく国家間にも当てはまる。各国は貿易を通じて、それぞれ自分の最も得意とする分野に専念できるようになる。貿易相手を持つことは、脅威ではなく、チャンスにつながる。貿易は現代の経済を支える要であり、現代の繁栄は貿易によって生み出されたものだ。中国の何億もの人々がこの数十年で貧困から脱することができたのも、中国が国際舞台でふたたびその人口規模に見合った影響力を持つようになったのも、貿易に負うところが大きい。

最近は、生活水準が向上することが当たり前のように思えてもおかしくないかもしれない。本書でも見たように、かつては世界の多くの人々が封建制や植民地支配や奴隷制によって抑圧されていた。

心理学者スティーブン・ピンカーが百科事典で好きな項目は、「感染症だった」と説明されている天然痘の項目だという。[3] 最後の100年間だけで5億人の命を奪った天然痘も、人類の進歩のおかげで、今や過去形で説明することができる。[4] ピンカーによれば、食生活の改善と学校教育の普及の結果、人々のIQのスコアも急速によくなり、現在では平均的な人でも、1世紀前の人々の98%より高スコアを収められるという。

ヨーロッパでは一般の人が殺害される確率は、500年前と比べ、10分の1以下に低下した。ジェンダーや人種や性的嗜好《しこう》についても、世界じゅうで進歩的な考え方が広まっており、今の中東の若いイスラム教徒は1960年代の西ヨーロッパの若者と同程度に寛容になっている。またかつては贅沢品だった水洗トイレや、冷蔵庫や、エアコンや、洗濯機は数世代のあいだに必需品へと変わった。

収入が多い人ほど幸福度が高い

では、成長はわたしたちをそれだけ幸せにしたのだろうか。1970年代に経済学者のリチャード・イースターリンが生活満足度に関する初期の国際調査の結果から、ある一定の水準に達すると、そこからはもういくら収入が増えても、より幸せになることはないという結論を導き出した。以来、この「イースターリンのパラドクス」が世界で広く定説とされてきた。

しかし2000年代に入り、かつてよりはるかに大規模な調査にもとづく分析が行われ、定説が覆された。[5]それによると収入が多い人ほど、幸福度は高まっていた。また国家間の比較でも、所得が高い国の人ほど、幸福度が高かった。

幸福度だけでなく、この新しいデータには、所得が高い人ほど、または所得が高い国の人ほど、十分に休息を取り、人から敬意を払われ、よく笑い、おいしいものを食べていることが示されている。[6]また所得が高い人ほど、あるいは所得が高い国の人ほど、肉体的な苦痛や、退屈さや、悲しさを感じることも少ない。さらに、所得が高い人ほど、恋愛もしている。ポール・マッカートニーは「お金で愛は買えない」と歌っているが、残念ながら、お金で愛は買えるようだ。

格差の拡大が及ぼす悪影響

お金を出せば、幸せをいくらでも買い増せるといっても、限界効用の原則には縛られる。収入の増加によってどれぐらいの満足を感じるかは、収入の増加率におおむね比例するようだ。つまり、収入が10％増えたときの満足度は、ホームレスであっても会社の役員であっても同じということだ。ただし10％に相当する金額は、裕福な人のほうが貧しい人よりも当然大きくなる。

したがって、過去数十年間に多くの国で進んだ格差の拡大は、人々の満足度には悪影響を及ぼしていたと考えられる。社会保障制度による富の再分配や累進課税の強化が唱えられるのは、そもそもお金を持っていない人ほど、1ドルから得られる喜びが大きいということに重要な根拠がある。

国家間の所得格差は国内の所得格差以上に大きい。西ヨーロッパの平均所得が現在1日109ドルであるのに対し、南米の平均所得は1日39ドル、アフリカの平均所得は1日10

ドルだ[7]。平均的な米国人の1カ月の生産量は、平均的なナイジェリア人の1年間の生産量に匹敵する。

たいていは農村から都市への移住が進むことで生産性は高まるので、都市化が経済成長の推進力のひとつになるが、アフリカでは都市に住む人はいまだに約半分に留まっている[8]。原因のひとつは、土地の所有権が不明確なせいで、人々が住宅投資をしようとしないことや、政府が固定資産税収入をなかなか増やせないことにある。不動産登記の制度を整えるというのは一見、平凡な取り組みだが、それが今後のアフリカの繁栄の土台になるだろう。

アイデンティティーは生産活動によって形成される

不平等の拡大以外にも、憂慮されている経済の問題はある。経済学者ジョージ・アカロフのアイデンティティー経済学の研究では、人々が自分をどのように認識するかが重要であることが指摘されている。

ふつうの経済モデルでは、消費のために収入を得ることが働くことの唯一の意味とされる。しかしアイデンティティー経済学によれば、多くの人のアイデンティティーは消費活動より生産活動によって形成されているという。初対面の人と話すとき「何をなさっていますか」と聞くことはあっても、「何を買っていますか」などとは聞かないだろう。

だから先進国で、技術の進歩と貿易の拡大というダブルパンチで工場の仕事が失われたとき、収入の減少に苦しむ中産階級にとって、テレビが安く買えるようになったことは慰めにならなかった。ポピュリズムの政治家が台頭したのは、労働者階級の安定した仕事が失われたことへの反発が一因だ。このことからも、社会の安定のためには失業率を低く抑えることが重要であるとわかる。

AIの可能性とリスク

ラッダイト以来、新しい技術が登場するたび、恐ろしい雇用喪失が生じると予測され、そのつど予測は外れてきた。最近話題になっているのは、人工知能（AI）だ。オープンAI社のチャットGPTは、コンピュータコードのバグも修正できれば、企業のミッションステートメントも書け、新たな科学の進歩について概要をまとめることもできる。「GPT」とはGenerative Pre-trained Transformer（生成事前学習トランスフォーマー）の略称だが、そこにgeneral-purpose technology（汎用技術）という意味を読み取ることもできるだろう。

かつての蒸気機関や電力同様、AIはゆくゆくは世の中を一変させるかもしれない。広

世界最後の自撮りの場面を描いた作品。AIエンジンDALL-Eを使って制作された。

範囲にＡＩが取り入れられれば、平均収入は上昇するだろう。ただし、多くの職種は電話交換手や灯台守と同じ運命をたどる可能性がある。経済学の観点からいえるのは、新技術が安価になるにつれ、その技術を導入する企業が増えるということ、ひいては機械の所有者が最大の恩恵を受けるということだ。

長期的には、ＡＩは人類に壊滅的なリスクをもたらすものでもある。[9] やがてはＡＩがあらゆる作業で人間の能力を上回る日がやって来る。そうなったら、ＡＩと人間の能力差はあっという間に、わたしたちとペットの差ぐらいにまで広がるだろう。そのときに重要なのは、ＡＩにわたしたちと同じ価値観を持たせられるかどうか、人類と平和に共存しようという姿勢を持たせられるかどうかだ。

地球温暖化という「テールリスク」

ＡＩの悪用や暴走がおそらく長期的には人類の未来に待ち受ける最大の脅威だろう。しかし気候変動も人類の未来を危うくしている。経済学に「テールリスク」という言葉がある。発生する確率は低いが、発生すれば大惨事をもたらすリスクのことだ。地球温暖化の場合、将来の二酸化炭素の排出量や地球の反応が正確に予測できないせいで、このテールリスクが生じている。

さらに、グリーンランドの氷床の融解やアマゾンの熱帯雨林の消失といった負のフィードバックも、先行きを不確かにしている。わたしたちは気候変動が「よくない」状況にあることは知っているが、現実には「きわめてよくない」状況なのかもしれない。[10]

私生活でテールリスクがあれば、保険に加入するのが経済的に賢明な判断だと誰しも考えるだろう。毎月ある程度の保険料を支払って、家の焼失とか、一家の稼ぎ手の不慮の死とかに備えるということはごく一般的に行われている。同じように、人類の将来を脅かすリスクに対しても、今から、ＡＩの倫理化や炭素排出量の削減のために一定の支出をするべきだろう。バイオテロや核紛争といったほかの人類の存亡に関わるリスクについても同様だ。

経済学にできることはまだまだたくさんある

そのような大惨事を回避しようとする過程では、もっと日常的な問題も経済学の手法を使って解決されることになるだろう。例えば現在、ロンドン、ボストン、パリ、ブリュッセルといった都市の道路では交通渋滞のせいで自動車の走行速度が平均で時速約18キロにまで下がっている。これは19世紀に都市を走っていた馬車とほぼ同じスピードだ。[11]交通渋滞によってドライバーが奪われている時間はドイツで年間40時間、米国で同51時間、英国で同80時間にのぼる。[12]トロントからメキシコシティーまで、世界の各都市で交通渋滞を緩和できれば、何千万人もの都市生活者の生活の質を大きく向上させられるだろう。

起こりうる最悪の事態

AIのリスクを巡る議論では、たいてい「好ましくない」影響が語られている。誤情報や、アルゴリズムによる差別や、雇用喪失といったことだ。しかしAIにはもっと破滅的な結果を招く危険もある。AIがひとたび人間の知能を超えたら、人間はどんどん機械に凌駕《りょうが》されるようになるだろう。チェスや囲碁といったボードゲームで人間がコンピュータに負けたようにだ。ＡＩは人類の最後の発明品になる可能性がある。

科学者のあいだで「シンギュラリティ」と呼ばれているその転換点の先に何が待っているかは、わたしたちには知りようがない。映画『スター・トレック』や『ターミネーター』のような世界が待っているのか。生産性の向上で誰もがゆったりとした生活を送れるようになるのか。それとも超知能機械が意志を持ち、人類をもはや不要と判断するようになるのか。

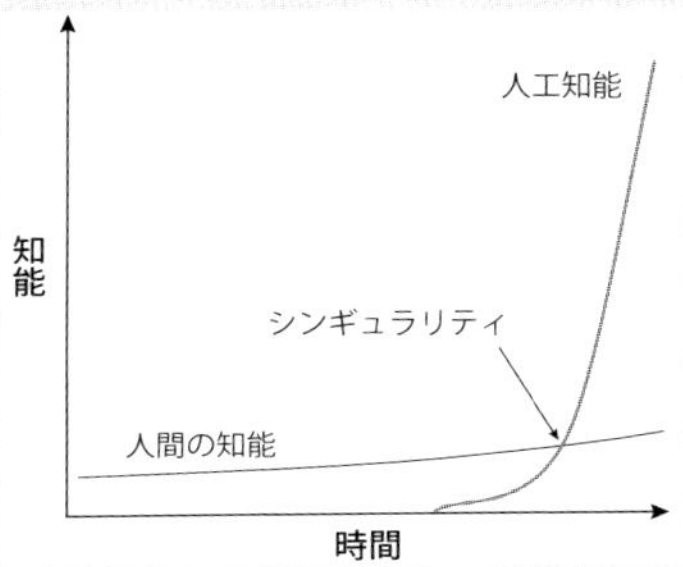

不確実性の経済学では、最も可能性の高いことだけではなく、可能性があることを幅広く検討するのが望ましいとされる。経済学者がそのために使うのは「期待値」という概念だ。期待値は、結果によってもたらされる費用や便益に、その結果が起こる確率を掛けることで算出される。

例えば、１％の確率で１億ドルを獲得できるとしたら、その期待値は１００万ドルになる。同様に、１億ドルの品物が１％の確率で失われるとしたら、その期待値も100万ドルであり、それがその品物の適正な保険料になる。

AIの研究者を対象に行った調査で、中間値の回答者はシンギュラリティが訪れる年を2059年と予想している。[13] また「最悪」の結果（例えば、人類の絶滅など）がもたらされる確率を5％と見積もってもいる。社会はもっとAIの安全性に重点を置くべきだというのが、AIの研究者の3分の2を占める意見だ。期待値が示すように、たとえ災害が起こる確率は小さくても、起こった場合に失われるものは大きい。

マクロ経済の面で、何よりももどかしく感じられるのは、大恐慌から1世紀近く経っていながら、経済学者がいまだに好不況の波を抑えられないことだ。現代でも相変わらず、10年や20年おきに経済危機が発生するというのは、経済学者としては残念でならない。現代の世界では、危機管理が政府の重要な役割のひとつになっている。不況を過去のものにできれば、経済学は危機管理に大きな貢献ができるだろう。

資本主義経済の中で暮らしていると、市場を当たり前のものと思ってしまいやすい。スーパーに行けば、そこには当然のように自分の欲しいものがなんでも揃っている。コロナ禍に見舞われたとき、わたしたちはスーパーの棚から一時トイレットペーパーが消えたことに愕然《がくぜん》とした。それでも数週間もせず、供給は回復した。100年に1度といわれるパンデミックが発生していたにもかかわらずだ。

かつてこの「見えざる手」の働きに、共産主義国の役人たちは目を見張った。ソ連崩壊後、ロシアの役人が英国の経済学者に次のように問い合わせたという。「ロンドン市民にパンを行き渡らせている責任者は誰なのか」と。[14] 21世紀には、ロシアと中国の経済はどちらも、開かれた民主主義にはほど遠い状況とはいえ、共産主義から資本主義へと移行した。

1946年、米国のジャーナリスト、ヘンリー・ハズリットが『1回の講義で学ぶ経済学』（邦題は『世界一シンプルな経済学』）を書いて、市場価格には機会費用が反映していることを説いた。それから70年後、クイーンズランド大学のジョン・クイギンが『2回の講義で学ぶ経済学』（Economics in Two Lessons）を著し、市場価格と適正価格とはときに乖離《かいり》することがあると説いた。

ハズリットが論じたのは、なぜ市場が成長を促進するのか、なぜ資本主義経済が共産主義経済より高い生活水準を実現できるのかということだった。一方、クイギンは市場の失敗がどのように起こり、いかに汚染や失業や独占を招くかを説明した。本書では、市場経済のそれらの両方の面を取り上げた。つまり、いかに自由市場が多くの人を貧困から解放したかについても、なぜ経済の繁栄のためには市場の失敗への対処が欠かせないかについても話をした。

資本主義は資本を持たない人の幸福を保証するものではない。政府の役割について考えるときには、危機管理者としての政府の役割にも目を向ける必要がある。地震や、病気や、不況といった多様なリスクに備え、国民に社会保険を提供するのは、政府の役割だ。

通常の政府支出だけがリスクを軽減する方法ではない。一部の国では、所得連動型ローン（借り手の所得が一定水準を超えたときに、返済義務が発生する融資）が学生ローンの代わりに使われている。経済学者が提言しているように、この所得連動型ローンは、凶作に見舞われた農家や、経営難に陥った企業や、経済的に恵まれていない地域を支援するためにも使えるはずだ。[15]

イノベーションの経済学と経済学による実践的なアドバイス

経済の歴史はイノベーションの歴史でもある。20世紀が始まったとき、世界には飛行機もなければ、ラジオもなく、自動車もほとんど走っていなかった。それが20世紀の末には、Ｗｉ-Ｆｉ接続されたノートパソコンでネットサーフィンをし、会議に参加するためにジェット機で地球の反対側まで飛び、都市の景色を超高層ビルで埋め尽くすようになっていた。

エアコンから抗生物質まで、有刺鉄線からハーバー・ボッシュ法まで、数々の新技術によってわたしたちの生活は形作られてきた。技術は市場の機能を改善するのにも役立っている。ある研究によると、インドの漁業では、携帯電話が使われ始めてから、価格が安定し、むだな廃棄物がほとんど出なくなったという[16]。これは技術の進歩が消費者と生産者の双方に恩恵をもたらした例だ。

イノベーションがひとりの天才の努力だけで生み出されることはめずらしい[17]。技術の進歩は、グーテンベルクや、キュリーや、エジソンや、ラブレースや、ゲイツや、ジョブズや、ダウドナや、マスクといった人物によってもたらされたものばかりではない。むしろ、画期的な技術の開発は、チームの協力の産物であるのがふつうだ。

真空管やテレビの開発は複数の企業の研究に負っている。政府機関や大学など、非市場の機関で生まれたイノベーションも数え切れないほどある（レーダーも、インターネットも、病原体説も、ペースメーカーも、核磁気共鳴画像法も、量子力学もそうだ）。スマートフォンを支える中核技術（GPS、音声アシスタント、タッチスクリーンなど）は政府の出資で開発されたものだ。イノベーションの経済学では、政府がそのような研究開発の支援をどのように続けていけばいいかが主に研究されている。

経済学からは生活のあらゆる面についての実際的なアドバイスが得られる。証券コンサルタントの中には、株式を最高値で売って、底値で買えると自信たっぷりに話す者もいる。しかし経済学のランダム・ウォーク理論によれば、株価は予測できるようなサイクルで変動してはおらず、完全に不規則な変動を繰り返しているとされる。実際、景気循環の緩和に多大な貢献をした20世紀の経済学者ジョン・メイナード・ケインズですら、景気循環に合わせた投資という考えを断念している。[18]

経済学は何の役に立つのか？

序章で述べたように、本書には3つの目的があった。資本主義と市場システムがどのように形成されたかを振り返ること。経済学を発展させた重要な概念と人物を紹介すること。そして経済の力が世界の歴史に与えた影響を略述することだ。

本書を読んで、みなさんが人類の歴史を今までとは少し違った目で見るようになってくれたらうれしい。次に世界地図を見るときは、宗主国になるか植民地になるかには、大陸の形が影響していたことを思い出してほしい。鏡を見るときは、その発明がいかに消費者文化の隆盛に貢献したかについて、考えてほしい。大手テクノロジー企業のプラットフォームを使うときは、事実上、お金を払う代わりにデータを提供していることについて、考えを巡らせてほしい。わたしたちは人類の大半が学校に通えて、ワクチンを接種できて、インターネットを利用できる時代に生きている。それがいかに幸運なことかを忘れないようにしてほしい。

経済学の発展は産業革命と軌を一にしているが、大恐慌に遭遇するまで、経済学者は景気循環を深く理解していなかった。市場の効率に目を奪われていた初期の経済学者たちは、市場の失敗を軽く見て、政府が市場の機能を維持するためにどういう役割を果たすべきかということは端《はな》から考えなかった。

最近は、独占の弊害や気候変動のリスクも研究されている。行動経済学が標準的な履修科目になり、大規模なデータセットを分析することが経済学者たちの研究の中心になった。市場設計（マーケットデザイン）の研究からは、腎臓移植を支えるマッチングアルゴリズムも誕生した。オークション理論の研究者は、政府が電波の権利の売却から何十億ドルという収入を得られるようにするオークションを考案している。開発経済学者たちの無作為化比較試験は、多くの命を救い、所得を引き上げた。

世の中の大多数の人は経済学の研究者になるわけではないだろう。それでも経済学を学ぶことはむだではない。経済学は何よりわたしたちがよりよく生きるのを助けてくれる。

むずかしい決断を下さなくてはいけないときは、費用と便益を比べてみるといい。機会費用はどうか。自分はその決断によって何をあきらめることになるだろうか。限界効用はどうか。それが増えることにどれだけの価値があるだろうか。外部性も忘れてはならない。自分がそのような決断をすることで他者にどのような影響が及ぶだろうか。

教育から起業まで、社会生活から株式市場まで、経済学はわたしたちによりよく生きるための助言を与えてくれる。

謝辞

経済学の特筆すべき発展のひとつに、共同研究が増えたことが挙げられる。わたし自身、経済学の知識の多くを共同研究者に負っている。研究を前進させるとともに、わたしを経済学者として成長させてくれたこれまでの数々の会話には感謝せずにいられない。また審議に経済学の視点を持ち込むよう勧めてくれた議会の同僚たち（経済学者のかたも、そうでないかたもいる）にも謝意を表したい。ブラック社のクリス・フェイク、クリスティ・イネス＝ウィル、ジョー・ローゼンバーグの3氏には、議論に磨きをかけ、執筆を進めるのを助けていただいた。

ジェフ・ボーランド、ポール・バーク、ウェンディ・カーリン、ブルース・チャプマン、セルウィン・コーニシュ、ギド・エレイガーズ、デイビッド・ガレンソン、ジョシュア・ガンズ、ロス・ギティンズ、ボブ・グレゴリー、ニコラス・グルエン、ダン・ハマーメシュ、ティム・ハットン、リチャード・ホールデン、セバスティアン・リー、ヤン・リビック、シン・メン、アレックス・ミルモウ、クリスティン・ニール、アルベルト・ポッソ、アダム・トリグズ、ジャスティン・ウルファーズの諸氏には草稿を読んでいただき、貴重な助言をたまわった。また、温かく励まし、詳しく意見を聞かせてくれた両親バーバラとマイケルにも心から感謝している。

本書は妻グウェネスと、3人の息子たち、ザカリー、シオドア、セバスティアンに捧げたい。きみたちが生きる社会が、外部性を内部化する賢明な経済政策と、多様な選択肢を生み出す市場と、このすばらしい世界についてわくわくする洞察をもたらす経済学の恩恵を受けられるよう願っている。

読みだしたら止まらない 超凝縮 人類と経済学全史

2025年1月7日　第1刷発行
2025年2月19日　第2刷発行

著　者――アンドリュー・リー
訳　者――黒輪篤嗣
発行者――山田徹也
発行所――東洋経済新報社
〒103-8345　東京都中央区日本橋本石町 1-2-1
電話＝東洋経済コールセンター　03(6386)1040
https://toyokeizai.net/

装　丁…………橋爪朋世
D T P…………アイランドコレクション
印刷・製本……丸井工文社
編集担当………九法　崇

Printed in Japan　　ISBN 978-4-492-31562-0

著者・訳者紹介

アンドリュー・リー

Andrew Leigh

オーストラリア国立大学経済学部の元教授。著書に『RCT大全：ランダム化比較試験は世界をどう変えたのか』（上原裕美子訳、みすず書房、2020年）、*Battlers and Billionaires*、*The Luck of Politics*、*Reconnected*（共著）などがある。2010年より労働党のオーストラリア代議院（下院）議員。

黒輪篤嗣

くろわ・あつし

翻訳家。上智大学文学部哲学科卒業。ノンフィクションの翻訳を幅広く手がける。主な訳書に『世界を変えた8つの企業』『経済学レシピ：食いしん坊経済学者がオクラを食べながら資本主義と自由を考えた』『アッテンボロー 生命・地球・未来：私の目撃証言と持続可能な世界へのヴィジョン』『新しい世界の資源地図：エネルギー・気候変動・国家の衝突』『ワイズカンパニー：知識創造から知識実践への新しいモデル』（以上、東洋経済新報社）、『問いこそが答えだ！：正しく問う力が仕事と人生の視界を開く』（光文社）、『哲学の技法：世界の見方を変える思想の歴史』『ドーナツ経済学が世界を救う：人類と地球のためのパラダイムシフト』（以上、河出書房新社）、『宇宙の覇者 ベゾスvsマスク』（新潮社）、『レゴはなぜ世界で愛され続けているのか：最高のブランドを支えるイノベーション7つの真理』（日本経済新聞出版社）などがある。

索引

英数字

『21世紀の資本』(ピケティ)　151
5つの力(ポーター)　179-80
COVID　200, 209
EU離脱(ブレグジット)　235-36
MONIAC(貨幣国民所得アナログコンピュータ)　141-42

ア行

アイデンティティー経済学　258
アカロフ，ジョージ　163, 258
アリストテレス　180
アリメンタ　26
アレゴリズム　231, 243-44, 262, 269
アレクサンダー，セイディー　131
アレン，ロバート　64
イェール，エリフ　56
イースターリン，リチャード　256
イスラム教　28, 43
移民　4, 92, 110, 124-25
医療の鉄のトライアングル　206-7
イングランド銀行　71-72, 105, 145, 234
印刷術　41-42
インセンティブ　4, 7-8, 27, 29-30, 42, 156, 187, 209-10, 216, 222, 229, 247
インデックスファンド　231-33
インフレ　91, 106, 115, 126, 183, 185-88, 238-40
インフレ目標　186, 188, 190
ウォーターマン，ロバート　230
ウォーリング，マリリン　252
ウォールド，エイブラハム　138-39
ウォルファーズ，ジャスティン　202
ウクライナ侵攻　238
『ウルフ・オブ・ウォールストリート』(映画)　227
ウールワース，フランク　108
エアコン　154-55, 256, 267
英国東インド会社　55-57
衛星データ　249-50
英蘭戦争　55
『エクセレント・カンパニー』(ピーターズ／ウォーターマン)　230
エコノミクス(経済学)　104
『エコノミスト』　83
エリオット，ジョージ　78
エーリック，アン　197-98
エーリック，ポール　197-98
エレファント・カーブ　203
エレベーター　100
オイコノミア(家政)　104

オイルショック　188, 238
欧州中央銀行　234
欧州連合（EU）　161, 193, 235
応用経済学　157
オークション理論　269
汚職　56, 167, 227–28, 236, 247
オスター，エミリー　59
オストロム，エリノア　7–8, 113–14
オランダ東インド会社　54–55

カ行

外貨危機　190
改革開放路線　12
海上保険基金　56
概念主義者　92–94
開発経済学　201
価格操作　5
鏡　75, 268
格差　12, 18–19, 38, 151–52, 202–4, 207, 222–25, 246, 257
格差理論　151
カストロ，フィデル　165–66
カトリック　42–43
カーニー，マーク　177
カーネギー，アンドリュー　98
カーネマン，ダニエル　213–15
貨幣　30–32
ガマ，バスコ・ダ　48
カーライル，トマス　6
カーラン，ディーン　201
ガルブレイス，ジョン・ケネス　207
ガレンソン，デイビッド　92
監視資本主義　245
関税　11, 81, 86–87, 124, 160–61, 166, 193, 235
関税及び貿易に関する一般協定（GATT）　144, 160, 192
完全雇用　131–32, 142
機会費用　73–74, 265, 269
企業（コーポレーション）　88
飢饉　112, 130, 164, 168–71, 197–98, 216, 239
気候変動　5, 66, 215–18, 236, 261, 269
気候変動に関する政府間パネル（IPCC）　217
希少性　5, 59
規制緩和　178
救貧制度　56, 58, 78
共産主義　69–70, 165–66, 169–70, 175, 203, 265
共産党　12, 164, 174, 196
行政管理予算局（米国）　218
共有地（コモンズ）の悲劇　112–14
キリスト教　28, 68
ギルド（同業組合）　51
均衡価格　5, 102
金本位制　71, 117, 140, 183–84
金利　120, 122, 185, 187–89, 233–34, 239–40
クイギン，ジョン　265
クズネッツ，サイモン　130

クビトキン，オリンピイ　131
組み立てライン　12, 67, 106–7
クラーク，グレゴリー　39
クラーク，コリン　129
クーリッジ，カルビン　200
グリーン革命　199
クレジットカード　162
グレート・ギャツビー曲線　39
クレーマー，マイケル　201
クロック，レイ　153
クン族　20
ケアエコノミー　223
『経済学原理』（マーシャル）　101
経済協力開発機構（OECD）　150, 229
経済成長率　151–52, 168, 185, 204
経済統計　251–52
計量経済学　138–39
ケインズ，ジョン・メイナード　13, 119–23, 127, 140–43, 177, 268
下水道　95–96, 99
ケネディ，ジョゼフ　118
限界効用の逓減　73, 102
龐金昌　174
健康保険　19
源泉徴収制度　146
恒常所得仮説　176–77
抗生物質　200, 267
行動経済学　13, 213–15, 236, 269
功利主義　72–73
コーエン，タイラー　233
国際通貨基金（IMF）　140, 192
極貧状態　202
国民所得勘定　251–52
穀物法　81–84, 190, 236
国有化　145, 165
国連開発計画（UNDP）　229
コース，ロナルド　216, 243
国境なき税務調査官　229
固定為替レート　184
『雇用、利子および貨幣の一般理論』（ケインズ）　143
ゴールディン，クラウディア　153, 223–24
ゴールドマン・サックス　225–26
コレガンツァ　37
コロンブス，クリストファー（コロン，クリストバル）　48
コロンブスの交換　47–48
コンテナ　11, 158–59

サ行

最恵国待遇　87, 193
最低賃金　94
サッチャー，マーガレット　175–76
サブプライムローン　220, 225
サマーズ，ローレンス　233
サミュエルソン，ポール　142–43
三角貿易　11
産業革命　11, 63–65, 67–68, 70, 76, 81, 88–90, 96, 269
シェイクスピア，ウィリアム　58–59
ジェニー紡績機　65

ジェファーソン，トーマス　28
ジェボンズ，ウィリアム・スタンリー　73
ジェンダー規範　22
シカゴ学派　178, 241
識字率　42, 90
市場設計（マーケットデザイン）　269
市場の失敗　4-5, 13, 126, 216, 219, 265, 269
自然独占　179
失業率　118, 123, 188, 212, 226, 259
実験主義者　92-94
実質賃金　44-45, 89, 254
疾病基金　95
資本収益率　151-52, 204
資本主義　4, 38, 69, 75, 167, 169-70, 264-66, 268
社会信用システム（中国）　244
社会的流動性　37-39
社会保障制度　26, 74, 94, 144, 148, 257
ジャガ芋飢饉　79, 171
シャーマン反トラスト法　97
宗教　11, 28-29, 42-43, 129, 131, 156
自由市場　70, 265
重商主義　87
出生時平均余命　64
需要と供給　6, 101-2, 104
狩猟採集社会　16
シュルツ，セオドア　196
蒸気機関　65-68, 259
商業革命　65
消費者厚生基準　178
消費者福利の最大化　241
消費者余剰　219
消費の平準化　19
情報の非対称性　163
植民地　4, 24, 49, 53-54, 87, 91, 190, 255, 268
『諸国民の富』（スミス）　68-69
ジョージ，ヘンリー　98
所得格差　257
所得税　86, 146, 148, 178, 204
ジョンソン，スティーブン　75
シラー，ロバート　221
シルクロード交易　33
シン，マンモハン　190
新型コロナウイルス　237-38
シンギュラリティ　263-64
人工知能（AI）　205, 259-64
人種差別　6, 132, 156, 249
犂　21-22
スターリン，ヨシフ　130-31
スターン，ニコラス　215-16, 218
スタンダード・オイル　97
スタンプ，ジョサイア　129
スターン報告　215-18
ストライキ　94, 176
スポーツ経済学　208
ズボフ，ショシャナ　245
スミス，アダム　68-69, 82
スムート，リード　123
スムート・ホーリー関税法　124,

14[illegible], 236
生産者余剰　219
世界銀行　140, 191-92, 196
世界貿易機関（WTO）　192-93
石貨　31-32
セルフリッジ，ハリー　108
ゼロ金利制約　234
セン，アマルティア　167-69
選挙権　94
全国産業復興法　132
早期教育プロジェクト　160
創始作物（ファウンダー・クロップ）　20-21
租税回避地　228-29

タ行

ダイアモンド，ジャレド　24
第一次世界大戦　111, 115, 124, 135-40, 183
対外援助　157
大恐慌　12, 71, 117-19, 123, 125, 144, 237, 264, 269
大航海時代　53
第二次世界大戦　4, 11, 135-39, 141, 144-46, 153, 159, 167, 183
大躍進　164, 173
ターベル，アイダ　97
タルニエ，ステファン　96
男女の賃金格差　222-25
チェティ，ラジ　245, 248
地球温暖化　215, 261
チャットGPT　259
中央銀行　31, 104-6, 177, 185-89, 233-34, 238-40
中所得の罠　202
チューリップバブル　59, 61
長期停滞（セキュラー・スタグネーション）　233
ディケンズ，チャールズ　78, 93
定住農耕生活　17-18
ディニス1世（ポルトガル国王）　56
ティンバーゲンの定理　240
『デカメロン』（ボッカッチョ）　45
適温経済（ゴルディロックス経済）　188
デフレ　187
デュフロ，エステル　201
デリバティブ（金融派生商品）　194-95
テールリスク　261
伝染病　26, 96
トウェイツ，トーマス　10
鄧小平　174
時計　75-76
都市革命　65
トースター・プロジェクト　10
ドットコムバブル　211-12, 220
トベルスキー，エイモス　214
ドラクマ　31
トランプ，ドナルド　235
ドレイク，フランシス　50
奴隷貿易　49, 54
泥棒男爵　98
トワイニング，トーマス　56

ナ行

ナポレオン戦争　71, 86
南北戦争　86, 90, 136
ニクソン，リチャード　185
ニコライ2世（ロシア皇帝）　203
日本銀行　234
ニューコメン，トーマス　65
人間開発報告書　168
ニンジャローン　221, 225
ネルー，ジャワハルラル　167
農業革命　11, 18, 24–26, 63
ノーベル賞　7–8, 113, 129, 163, 196, 213–14, 223, 232

ハ行

ハイエク，フリードリヒ・フォン　120–23
ハイパーインフレ　115–17, 135, 183–84
パーキンズ，フランシス　125–27
ハーグリーブズ，ジェイムズ　65
バジョット，ウォルター　83
パスツール，ルイ　96
バスティア，フレデリック　79–80
ハズリット，ヘンリー　265
ハーディ，トーマス　78
バナジー，アビジット　201
母親ペナルティー　224–25
ハーバー・ボッシュ法　199, 267
バフェット，ウォーレン　233
パポラ，ジョン　122
ハマーメッシュ，ダニエル　181
パリ万国博覧会　96
バーンズ，アーサー　185
バンダービルト，コーネリアス　98
反ダンピング税　124
汎用技術　66–67, 259
比較優位　32–33, 82, 142–44, 166, 182, 196, 254
非競合性　41–42
ピグー，アーサー　215
ピグー税　216
ピケティ，トマ　151
ビスマルク，オットー・フォン　94–95, 144
ピーターズ，トム　230
ビッグデータ　245, 248–49
ヒトラー，アドルフ　117, 135, 137
ビートルズ　148
ピープス，サミュエル　39
肥沃な三日月地帯　20
ピンカー，スティーブン　255
ヒンドゥー成長率　167
ファンダメンタルズ　135–36
フィッシャー，アービング　117
フィーバーイヤー，A・E　129
フィリップス，ビル　141–42, 188
フォード，ヘンリー　107
『不完全競争の経済学』（ロビンソン）　127–28
不当債務　229
負の外部性　113
フーバー，ハーバート　124

不平等　4, 26, 38-39, 228, 245, 258
フラー，アイダ　126
フライ，ハンナ　244
フランクリン，ベンジャミン　86
フランス，ピエール・マンデス　140
フランチャイズ方式　153-54
フリードマン，ミルトン　176-78
ブレトンウッズ協定　71, 139-40
プレビッシュ，ラウル　166, 196
フレミング，アレクサンダー　200
プロテスタント　42-43
文化大革命　165
ベアリングス銀行　194-95
平均寿命　89, 96, 197-98, 201
ペスト　44-46
ベッカー，ゲーリー　155-56
ベッセマー法　100
ベバリッジ，ウィリアム　144-45
ベバリッジ，ジャネット　144-45
ベバリッジ報告　144
ペリー就学前プロジェクト　160-61
ベンサム，ジェレミー　72-73
変動為替レート　184
封建制度　37, 43-44, 46
法廷経済学　246-48
ボーク，ロバート　178
ボーグル，ジャック　232-33
ポズナー，リチャード　178
ポーター，マイケル　179-80
ボッカッチョ，ジョバンニ　45
ホッブズ，トーマス　16-17, 25
ホモ・エコノミクス（経済人）　13, 74, 213
ホモ・サピエンス　13, 15
ボーリー，アーサー　129
ホーリー，ウィリス　123
ホールデン，アンディ　234
ホワイト，ハリー・デクスター　140
ボンサック，ジェイムズ　109

マ行

マギー，リジー　98
マクドナルド，カイル　219-20
マクドナルド，モーリス　153
マクドナルド，リチャード　153
マクレーン，マルコム　158-59
マクロ経済学　5-6, 13, 127
マーシャリアン・クロス　102
マーシャル，アルフレッド　65, 101-4, 127
魔女裁判　58-59
マゼラン，フェルディナンド　48
マッカートニー，ポール　257
マッツカート，マリアナ　197
マーティン，ピーター　106-7
摩天楼　99-100
マミートラック　224
マラリア　53-54, 200
マルコス，フェルディナンド　228
マルサス，トーマス　197-98
見えざる手　123, 265
ミクロ経済学　5, 127

ミラノビッチ，ブランコ　203
ミル，ジョン・スチュアート　74
民営化　176, 178-80
民主主義　26, 70, 132, 161, 168, 265
ムガベ，ロバート　184
無作為化比較試験　159, 200-1, 248, 269
眼鏡　41-42
メディチ家　51-52
毛沢東　164-65
モノプソニー　128, 242
モノポリー　97-99
モルガン，J・P　105

ヤ行

有限責任法　88
ユダヤ教　28
ユーロ　192

ラ行

ライセンス・ラージ（許認可統治）　190
ラザク，ナジブ　227
ラッダイト運動　76-77
ランダム・ウォーク理論　268
リカード，デイビッド　81-82, 143
リーソン，ニック　194-95
リービヒ，ユストゥス・フォン　75
量的緩和　233-34
林毅夫　195-96
累進課税　74, 148, 257
ルソー，ジャン＝ジャック　16-17
ルター，マルティン　42-43
レオポルド2世（ベルギー国王）　53
レーガン，ロナルド　175-76, 178
連邦準備銀行　104-5
連邦準備制度理事会　185, 189, 234
ロウ，ジョー　227
労働塊の誤謬　80
労働組合　88-89, 149-50, 175-76, 204
ローザー，マックス　253
ローズベルト，フランクリン・D　126-27, 132
ロックダウン　237-38
ロックフェラー，ジョン・D　97-98
ロバーツ，ラッセル　122
ロビンソン，ジョーン　126-28, 242
ローリング・ストーンズ　149

ワ行

ワット，ジェイムズ　65-68

図版出典

p. 2: P. Maxwell Photography/Shutterstock.
p. 3: Vladimir Gjorgiev/Shutterstock.
p. 18: Courtesy of Archestudy.
p. 23: Jared Diamond. Image via Wikimedia Commons.
p. 28: JR Stone/Shutterstock.
p. 32: Image via r/ArtefactPorn, Reddit.
p. 38: Mary Long and Holaillustrations/Shutterstock.
p. 45: Unknown artist, c. 1665. Image via Wikimedia Commons.
p. 52: Workshop of Bronzino, Portrait of Lorenzo the Magnificent, c. 1565–69, Uffizi Gallery. Image via Wikimedia Commons.
p. 57: Duncan1890/iStockPhoto.
p. 60: Unknown artist, c. 1640, Norton Simon Art Foundation. Image via Wikimedia Commons.
p. 65: James Watt's Patent via itakehistory.com.
p. 72: Heritage Image Partnership Ltd/Alamy Stock Photo.
p. 77: Working Class Movement Library catalogue. Image via Wikimedia Commons.
p. 79: Chronicle/Alamy Stock Photo.
p. 84: Watercolour by Richard Simkin held in the Anne S.K. Brown Military Collection, Brown University. Image via Wikimedia Commons.
p. 93: Photograph by Carl Van Vechten, 13 November 1948, Van Vechten Collection at Library of Congress. Image via Wikimedia Commons.
p. 95: Chronicle/Alamy Stock Photo.
p. 99: The Landlord's Game, designed by Lizzie J. Magie (Phillips), published in 1906 by the Economic Game Company, New York. Image: Thomas Forsyth.
p. 107: Photographer unknown, Henry Ford Interview, *Literary Digest*, 1 July 1928. Image via Wikimedia Commons.
p. 109: Martin Forstenzer/Hulton Archive/Getty.
p. 110: Mpv_51. Image via Wikimedia Commons.
p. 113: ©Holger Motzkau 2010. Image via Wikimedia Commons.
p. 116: Pictorial Press/Alamy Stock Photo.

p. 119: Fotosearch/Stringer/Getty Images.

p. 127: Library of Congress Prints and Photographs Division Washington. Image via Wikimedia Commons.

p. 131: Unknown photographer, c. June 1921. Image via Wikimedia Commons.

p. 139: Artwork by Trevor Bragdon/*Pitch + Persuade*.

p. 142: From 'The Phillips Machine Project' by Nicholas Barr, *LSE Magazine*, June 1988, no. 75, p.3. Image via Wikimedia Commons.

p. 149: People's History Museum.

p. 154: Carol M. Highsmith Archive, Library of Congress. Image via Wikimedia Commons.

p. 158: apiguide/Shutterstock.

p. 161: Fig. 2 taken from Kathryn Cardarelli and Rachael S. Jackson, *Education Policy as Health Promotion*, white paper presented at the First Annual Conference of the J. McDonald Williams Institute in Dallas, Texas, in October 2005.

p. 169: Bettmann/Getty Images.

p. 171: Illustrated London News, 22 December 1849. Image via Wikimedia Commons.

p. 181: Art_Photo/Shutterstock.

p. 189: Graph by Alan Laver based on 'Inflation and central bank independence: OECD countries', Our World in Data.

p. 203: Graph by Alan Laver, based on Fig. 2, *World Inequality Report 2018*, compiled by Facundo Alvaredo, Lucas Chancel, Thomas Piketty, Emmanuel Saez and Gabriel Zucman, presented at the Paris School of Economics.

p. 207: Caio Pederneiras/Shutterstock.

p. 209: Alex Bogatyrev/Shutterstock.

p. 220: CP PHOTO/Troy Fleece.

p. 223: ©Johan Jarnestad/The Royal Swedish Academy of Sciences.

p. 247: Leonard Zhukovsky/Shutterstock.

p. 260: DALL-E, used under an Open AI Responsible Licence.

原注

序章

1. William Nordhaus, 1997, 'Do real-output and real-wage measures capture reality? The history of lighting suggests not' in William Nordhaus and Charles Hulten (eds), *The Economics of New Goods*, University of Chicago Press, Chicago, pp. 29–66.
2. ミクロ経済学とマクロ経済学を混ぜ合わせることには長い歴史がある。ポール・サミュエルソンの新古典派統合やコア・カリキュラムの経済学教育についての議論は、以下を参照。Samuel Bowles and Wendy Carlin, 2020, 'What students learn in economics 101: Time for a change', *Journal of Economic Literature*, 58 (1): 176–214.
3. Avinash Dixit, 2014, *Microeconomics: A Very Short Introduction*, Oxford University Press, Oxford, p. 50.
4. Jeff Borland, 2008, *Microeconomics: Case Studies and Applications*, Cengage, Melbourne, p. 19.
5. Joshua Gans and Andrew Leigh, 2009, 'Born on the first of July: An (un) natural experiment in birth timing', *Journal of Public Economics*, 93.1–2: 246–63.
6. Wojciech Kopczuk and Joel Slemrod, 2003, 'Dying to save taxes: Evidence from estate-tax returns on the death elasticity', *Review of Economics and Statistics*, 85 (2): 256–65.
7. Lucy Black, 2020, 'Picking a product', *CKGSB Knowledge*, 19 November.
8. Benjamin Zhang, 2017, 'Trump just used Boeing's new global airliner to attack globalization', *Business Insider*, 18 February.
9. Thomas Thwaites, 2011, *The Toaster Project. Or A Heroic Attempt to Build a Simple Electric Appliance from Scratch*, Princeton Architectural Press, Princeton, NJ.（『ゼロからトースターを作ってみた結果』トーマス・トウェイツ著、村井理子訳、新潮文庫、2015年）
10. 英国における2009年の週給の中間値は約490ポンドだった。それを9カ月分に換算すると約1万9000ポンドになる。「トースター・プロジェクト」の材料費と旅費は合わせて1187ポンド。本人にこれらの数字を確認してもらうためメールを送ったところ、彼からの返信には、2万ポン

ドという推定額は、皮肉にも完成したトースターをV＆A博物館に売却した値段とぴったり同じだと書かれていた。

第１章　出アフリカと農業の始まり

1. Carina Schlebusch, Helena Malmström, Torsten Günther, Per Sjödin, et al., 2017, 'Southern African ancient genomes estimate modern human divergence to 350,000 to 260,000 years ago', *Science*, 358 (6363): 652–5.
2. Nicholas R. Longrich, 2020, 'When did we become fuily human? What fossils and DNA tell us about the evolution of modern intelligence', *The Conversation*, 9 September.
3. David Baker, 2022, *The Shortest History of the World*, Black Inc., Melbourne, p. 110.
4. Caleb E. Finch, 2010, 'Evolution of the human lifespan and diseases of aging: Roles of infection, inflammation, and nutrition', *Proceedings of the National Academy of Sciences*, 107, suppl 1: 1718–24.
5. Steven Pinker, 2011, *The Better Angels of Our Nature: Why Violence Has Declined*, Viking, New York.（『暴力の人類史』［上下］スティーブン・ピンカー著、幾島幸子／塩原通緒訳、青土社、2015年）。以下の論文では2％と見積もられているが、それでも現代と比べるとかなり高い。Mark Pagel, 2016, 'Lethal violence deep in the human lineage', *Nature*, 538 (7624): 180–1.
6. Paul Salopek, 2018, 'Cities of silence', *National Geographic*, 31 August.
7. Ibid.
8. Hetalben Sindhav, 2016, 'The Indus Valley Civilisation (Harappan Civilisation)', *International Journal of Social Impact*, 1 (2): 69–75.
9. Philip Coggan, 2020, *More: A History of the World Economy from the Iron Age to the Information Age*, Hachette, New York, p. 26.（『経済の流れと仕組みでわかる人類の1万年史』フィリップ・コガン著、花田知恵訳、原書房、2023年）
10. Jeremy Cherfas, 1989, 'Nuts to the desert', *New Scientist*, 19 August, pp. 44–7.
11. Melinda A. Zeder, 2011, 'The origins of agriculture in the Near East', *Current Anthropology*, 52 (S4): S221–S235.
12. Shuanglei Wu, Yongping Wei, Brian Head, Yan Zhao and Scott Hann,

2019, 'The development of ancient Chinese agricultural and water technology from 8000 BC to 1911 AD', *Palgrave Communications*, 5 (1): 1–16.
13. Tim Harford, 2017, 'How the plough made the modern economy possible', BBC World Service, *50 Things That Made the Modern Economy*, 27 November.
14. James Burke, 1978, *Connections*, Macmillan, London, p. 12.（『コネクションズ：意外性の技術史10話』J・バーク著、福本剛一郎訳、日経サイエンス、1984年）
15. Alberto Alesina, Paola Giuliano and Nathan Nunn, 2013, 'On the origins of gender roles: Women and the plough', *Quarterly Journal of Economics*, 128 (2): 469–530.
16. François Pieter Retief and Louise Cilliers, 2006, 'Causes of death among the Caesars (27 BC–AD 476)' *Acta Theologica*, 26 (2): 89–106.
17. 男性の平均身長は178センチから168センチへ、女性の平均身長は165センチから155センチへとそれぞれ低下した。Michael Hermanussen and Fritz Poustka, 2003, 'Stature of early Europeans', *Hormones* (Athens), 2 (3): 175–8.
18. ジャレド・ダイアモンドが以下の記事などで、農業革命は人類の最大の過ちであるという誤った指摘をしているのは、農業革命の短期的な影響と長期的な影響の違いを区別していないせいだ。農業革命がなかったら、世界が彼の優れた著作の恩恵に浴することもなかっただろう。Jared Diamond, 1999, 'The worst mistake in the history of the human race', *Discover Magazine*, 1 May.
19. 水車は6世紀から10世紀にかけて、ヨーロッパに広く普及した。ウィリアム征服王が1086年にイングランド全土で実施した土地台帳「ドゥームズデイ・ブック」のための調査によると、当時、イングランドの各村には平均2基の水車があった。Rondo Cameron, 1989, *A Concise Economic History of the World: From Paleolithic Times to the Present*, Oxford University Press, New York and Oxford, p. 71.（『概説世界経済史』ロンド・キャメロン／ラリー・ニール著、速水融監訳、酒田利夫ほか訳、東洋経済新報社、2013年）
20. Laurence Iannaccone, 1998, 'Introduction to the economics of religion', *Journal of Economic Literature*, 36 (3): 1465–95.
21. Pew Research Center, 2017, The Changing Global Religious Landscape,

PEW Research Center, Washington DC.
22. Cameron, 1989, p. 83.
23. Donald Kagan, 1982, 'The dates of the earliest coins', *American Journal of Archaeology*, 86 (3): 343–60.
24. Neil Faulkner, 2012, *A Visitor's Guide to the Ancient Olympics*, Yale University Press, New Haven, CT, p. 126.
25. この推定値は、ディオクレティアヌス帝（在位284～305年）が発布した勅令の文書にもとづく。以下を参照。Coggan, 2020, p. 32.

第２章　大運河、印刷機、疫病

1. Cameron, 1989, p. 83.
2. Yiming Cao and Shuo Chen, 2022, 'Rebel on the canal: Disrupted trade access and social conflict in China, 1650–1911', *American Economic Review*, 112 (5): 1555–90.
3. これらは2011年のドルで計算されたもので、以下の文献による。Jutta Bolt and Jan Luiten van Zanden, 2020, 'Maddison style estimates of the evolution of the world economy. A new 2020 update', Maddison Project Database, University of Groningen, Groningen.
4. Niall Kishtainy, 2017, *A Little History of Economics*, Yale University Press, New Haven, p. 17.（『若い読者のための経済学史』ナイアル・キシテイニー著、月沢李歌子訳、すばる舎、2018年）
5. Diego Puga and Daniel Trefler, 2014, 'International trade and institutional change: Medieval Venice's response to globalization', *Quarterly Journal of Economics*, 129 (2): 753–821.
6. Miles Corak, 2013, 'Inequality from generation to generation', in Robert Rycroft (ed.), *The Economics of Inequality, Poverty, and Discrimination in the 21st Century*, ABC-CLIO, Santa Barbara, CA, pp. 107–26.
7. Gregory Clark, 2014, *The Son Also Rises: Surnames and the History of Social Mobility*, Princeton University, Princeton, NJ.（『格差の世界経済史』グレゴリー・クラーク著、久保恵美子訳、日経BP、2015年）
8. Tim Harford, 2006, *The Undercover Economist*, Oxford University Press, Oxford, pp. 201–2.（『まっとうな経済学』ティム・ハーフォード著、遠藤真美訳、ランダムハウス講談社、2006年）
9. Masao Uchibayashi, 2006, 'Maize in pre-Columbian China found in Bencao Pinhui Jingyao', *Yakugaku Zasshi: Journal of the Pharmaceutical*

Society of Japan, 126 (1): 27–36.
10. Baker, 2022, p. 157.
11. Sascha O. Becker and Ludger Woessmann, 2009, 'Was Weber wrong? A human capital theory of Protestant economic history', *Quarterly Journal of Economics*, 124 (2): 531–96.
12. Coggan, 2020, p. 57.
13. Gary Anderson, Robert B. Ekelund, Robert F. Hebert and Robert D. Tollison, 1992, 'An economic interpretation of the medieval crusades', *Journal of European Economic History*, 21 (2): 339–63.
14. Coggan, 2020, pp. 7–8.
15. Şevket Pamuk, 2007, 'The Black Death and the origins of the "Great Divergence" across Europe, 1300–1600', *European Review of Economic History*, 11 (3): 289–317.

第３章　帆船の時代

1. Trans-Atlantic Slave Trade Database, at slavevoyages.org.
2. この段落と次の段落の奴隷に関するデータは、以下の文献による。Baker, 2022, pp. 171–2.
3. 'Family separation among slaves in America was shockingly prevalent', *The Economist*, 18 June 2022.
4. Stephan Heblich, Stephen Redding and Hans-Joachim Voth, 2022, 'Slavery and the British Industrial Revolution', NBER Working Paper 30451, NBER, Cambridge, MA.
5. Carlos J. Charotti, Nuno Palma and João Pereira dos Santos, 2022, 'American treasure and the decline of Spain', Economics Discussion Paper Series EDP-2201, University of Manchester, Manchester.
6. Daron Acemoglu, Simon Johnson and James A. Robinson, 2001, 'The colonial origins of comparative development: An empirical investigation', *American Economic Review*, 91 (5): 1369–1401.
7. 'Armies of the East India Company', National Army Museum website, www.nam.ac.uk/explore/armies-east-india-company (undated).
8. John Brande Trend, 1957, *Portugal*, Praeger, New York, p. 103.
9. Emily Oster, 2004, 'Witchcraft, weather and economic growth in Renaissance Europe', *Journal of Economic Perspectives*, 18 (1): 215–28.
10. Peter Garber, 1990, 'Famous first bubbles', *Journal of Economic*

Perspectives, 4 (2): 35–54.

第4章　産業革命と国民の富

1. これらの数字は2011年のドルで計算されたもので、以下の文献による。Bolt and Luiten van Zanden, 2020.
2. Gregory Clark, 2007, *A Farewell to Alms: A Brief Economic History of the World*, Princeton University Press, Princeton, NJ, p. 38.（『10万年の世界経済史』［上下］、グレゴリー・クラーク著、久保恵美子訳、日経BP、2009年）
3. Bolt and Luiten van Zanden, 2020; Max Roser, Cameron Appel and Hannah Ritchie, 2013, 'Human height', available at ourworldindata.org/human-height.
4. Robert Allen, 2017, *The Industrial Revolution: A Very Short Introduction*, Oxford University Press, Oxford, pp. 4–7.
5. T. S. Ashton, 1948, *The Industrial Revolution 1760–1830*, Oxford University Press, Oxford, p. 42.（『産業革命』T・S・アシュトン著、中川敬一郎訳、岩波文庫、1973年）
6. R. U. Ayres, 1989, *Technological Transformations and Long Waves*, International Institute for Applied Systems Analysis, Laxenburg, Austria, p. 17.
7. Nicholas Crafts, 2004, 'Steam as a general purpose technology: A growth accounting perspective', *Economic Journal*, 114 (49): 338–51.
8. Coggan, 2020, pp. 100–1.
9. Alexander C. R. Hammond, 2019, 'Heroes of progress, Pt. 13: James Watt', HumanProgress.org, 7 March.
10. Jesse Norman, 2018, *Adam Smith: What He Thought, and Why It Matters*, Penguin, London.（『アダム・スミス：共感の経済学』ジェシー・ノーマン著、村井章子訳、早川書房、2022年）
11. Todd Buchholz, 1999, *New Ideas from Dead Economists: An Introduction to Modern Economic Thought*, Penguin Books, London, p.14（『テラスで読む経済学物語』T・G・バックホルツ著、上原一男／若田部昌澄訳、日本経済新聞社、1991年）
12. ポリティ・プロジェクト（Polity Project）やエコノミスト・インテリジェンス・ユニット（Economist Intelligence Unit）による定義では、市民の自由が守られ、民主的な政治文化が浸透し、司法権の独立と報

道の自由が保障されているのが完全な民主主義国であるとされる。

13. Ben Broadbent, 2020, 'Government debt and inflation', Bank of England speech, 2 September.
14. ミルの著作が「ホモ・エコノミクス」という概念の土台になっているが、ミル自身はその言葉は使っていない。以下を参照。Joseph Persky, 1995, 'Retrospectives: The ethology of homo economicus', *Journal of Economic Perspectives*, 9 (2): 221–31.
15. Steven Johnson, 2014, *How We Got to Now: Six Inventions That Made the Modern World*, Riverhead Books, New York, p. 32.(『世界をつくった6つの革命の物語』スティーブン・ジョンソン著、大田直子訳、朝日新聞出版、2016年)
16. E. P. Thompson, 1967, 'Work-discipline, and industrial capitalism', *Past and Present*, 38: 56–97.
17. John Brown, 1990, 'The condition of England and the standard of living: Cotton textiles in the northwest, 1806–1850', *Journal of Economic History*, 50 (3): 591–614.
18. Joshua Gans and Andrew Leigh, 2019, *Innovation + Equality: How to Create a Future That Is More Star Trek Than Terminator*, MIT Press, Cambridge, MA, p. 24.(『格差のない未来は創れるか?:今よりもイノベーティブで今よりも公平な未来』ジョシュア・ガンズ/アンドリュー・リー著、神月謙一訳、ビジネス教育出版社、2020年)
19. J. A. Schumpeter, 1954, *History of Economic Analysis*, Oxford University Press, New York, p. 500.(『経済分析の歴史』[上中下]J・A・シュンペーター著、東畑精一/福岡正夫訳、岩波書店、2005~2006年)
20. Wolfgang Keller and Carol H. Shiue, 2020, 'China's foreign trade and investment, 1800–1950', NBER Working Paper 27558, NBER, Cambridge, MA.
21. Allen, 2017, p. 97.
22. Steven Pressman, 1999, *Fifty Major Economists*, Routledge, London, p. 36.
23. Kishtainy, 2017, p. 40.

第5章　貿易、移動、技術の急発展

1. Mr Cobden, 1965, *The Collected Works of Walter Bagehot*, Norman St John-Stevas (ed.), vol. 3, p. 216.

2. A. C. Howe, 2008, 'Anti-Corn Law League', *Oxford Dictionary of National Biography* [online resource].
3. Allen, 2017, p. 119.
4. United Nations Office on Drugs and Crime, 2008, *World Drug Report 2008*, United Nations, New York, p. 175.
5. 日本の経済発展に関する議論は以下の文献による。Allen, 2017, pp. 119–24.
6. Cameron, 1989, pp. 275–6.
7. Richard Baldwin, 2006, 'Globalisation: The great unbundling (s)', Prime Minister's Office, Economic Council of Finland.
8. Bolt and Luiten van Zanden, 2020.
9. Allen, 2017, p. 76.
10. 'Our World in Data', at ourworldindata.org/grapher/cross-country-literacy-rates.
11. Matthew J. Gallman, 1994, *The North Fights the Civil War: The Home Front*, Ivan R. Dee, Chicago, p. 95.
12. David Galenson, 2006, *Old Masters and Young Geniuses: The Two Cycles of Artistic Creativity*, Princeton University Press, Princeton, NJ.
13. Sophia Twarog, 1997, 'Heights and living standards in Germany, 1850–1939: The case of Wurttemberg' in Richard H. Steckel and Roderick Floud (eds), *Health and Welfare During Industrialization*, University of Chicago Press, Chicago, pp. 285–330.
14. Peter Dunn, 2002, 'Stéphane Tarnier (1828–97), the architect of perinatology in France', *Archives of Disease in Childhood: Fetal and Neonatal Edition*, 86 (2): F137–9.
15. Geoff Boeing, 2019, 'Urban spatial order: Street network orientation, configuration, and entropy', *Applied Network Science*, 4 (1): 1–19.

第6章　経済モデルと工場の近代化

1. Thomas M. Humphrey, 1992, 'Marshallian cross diagrams and their uses before Alfred Marshall: The origins of supply and demand geometry', *Economic Review*, 78: 3–23.
2. Henry Ford and Samuel Crowther, 1922, *My Life and Work*, Garden City Publishing Company, Garden City, New York, p. 72.
3. Coggan, 2020, p. 156.

4. 例えば、以下を参照。'Say drug habit grips the nation', *The New York Times*, 5 December 1913, p. 8.
5. ティム・ハットンとの私的なやりとりから。
6. Niall Ferguson, 2008, *The Ascent of Money: A Financial History of the World*, Penguin, New York, p. 186.（『マネーの進化史』ニーアル・ファーガソン著、仙名紀訳、ハヤカワ文庫、2015年）
7. Stephen Broadberry and Mark Harrison（eds）, 2005, *The Economics of World War I*, Cambridge University Press, Cambridge, UK. 数字は1914年時点のもの。したがって連合国にロシアは含まれるが（のちに離脱）、あとから加わった大国（イタリア、米国）は含まれていない。
8. Andrei Markevich and Mark Harrison, 2011, 'Great War, Civil War, and recovery: Russia's national income, 1913 to 1928', *Journal of Economic History*, 71（3）: 672–703.
9. George Rose and Sherrylynn Rowe, 2015, 'Northern cod comeback', *Canadian Journal of Fisheries and Aquatic Sciences*, 72, no. 12: 1789–98.

第７章　第一次世界大戦と大恐慌

1. Broadberry and Harrison, 2005, p. 28.
2. そうなることはケインズが1919年に以下の著者で予測していた。*The Economic Consequences of the Peace*, Macmillan, London.（『新訳 平和の経済的帰結』ジョン・メイナード・ケインズ著、山形浩生訳・解説、東洋経済新報社、2024年）
3. Coggan, 2020, p. 181.
4. Paul Krugman, 1998, 'The hangover theory', *Slate*, 4 December.
5. Bruce Caldwell and Hansjoerg Klausinger, 2022, *Hayek: A Life 1899–1950*, University of Chicago Press, Chicago.
6. Kishtainy, 2017, p. 104.
7. Richard Davenport-Hines, 2015, *Universal Man: The Seven Lives of John Maynard Keynes*, William Collins, London, p. 214.
8. Lionel Robbins, 1971, *Autobiography of an Economist*, Palgrave, London, p. 154.（『一経済学者の自伝』ライオネル・ロビンズ著、田中秀夫訳、ミネルヴァ書房、2009年）
9. Walter Galenson and Arnold Zellner, 1957, 'International comparison of unemployment rates' in *The Measurement and Behavior of Unemployment*, NBER, Cambridge, MA, pp. 439–584. 最近の研究では

いくらか違う数字も出ている。例えば、オーストラリアでは10％以上、英国では10％弱だったとする研究もある。また、1939年には米国の失業率も10％を超えていた。以下を参照。fred.stlouisfed.org/series/M0892AUSM156SNBR.

10. 関税が国内産業に打撃を与えた事例は、以下の文献による。Alan Reynolds, 1979, 'What do we know about the Great Crash?' *National Review*, 9 November.

11. この段落の報復関税の事例は、以下の文献による。Kris James Mitchener, Kevin Hjortshøj O'Rourke and Kirsten Wandschneider, 2022, 'The Smoot-Hawley trade war', *Economic Journal*, 132 (647): 2500–33.

12. この段落の移民の制限の事例は、以下の文献による。Joseph Ferrie and Timothy Hatton, 2015, 'Two centuries of international migration', *Handbook of the Economics of International Migration*, 1: 53–88.

13. 例えば、以下を参照。Nick Freeman, 2002, 'Foreign direct investment in Cambodia, Laos and Vietnam: A regional overview', Paper prepared for the Conference on Foreign Direct Investment: Opportunities and Challenges for Cambodia, Laos and Vietnam, 16–17 August, Hanoi.

14. Sadie Alexander (ed. Nina Banks), 2021, *Democracy, Race, and Justice: The Speeches and Writings of Sadie T. M. Alexander*, Yale Press, New Haven, CT; 'Economists are rediscovering a lost heroine', *The Economist*, 19 December 2020.

15. Manuel Funke, Moritz Schularick and Christoph Trebesch, 2016, 'Going to extremes: Politics after financial crises, 1870–2014', *European Economic Review*, 88, 227–60.

第８章　第二次世界大戦とブレトンウッズ

1. 詳しくは以下を参照。Coggan, 2020, p. 198.

2. 第二次世界大戦時の経済の比較は、以下の文献による。Mark Harrison, 1998, *The Economics of World War II: Six Great Powers in International Comparison*, Cambridge University Press, Cambridge, UK. これは1938年時の計算である。したがって、この計算には連合国側の敗戦国（ポーランド、チェコスロバキア、フランスとその植民地）は含まれるが、のちに連合国に加わった国（ソ連、米国）は含まれない。

3. J. Bradford DeLong, 2023, *Slouching Towards Utopia: An Economic History of the Twentieth Century*, Hachette, New York, p. 304.

4. Phillips Payson O'Brien, 2015, *How the War Was Won: Air-Sea Power and Allied Victory in World War II*, Cambridge University Press, Cambridge, UK.
5. Harrison, 1998.
6. J. Bradford DeLong and Barry Eichengreen, 1993, 'The Marshall Plan: History's most successful structural adjustment program' in Rudiger Dornbusch, Wilhelm Nolling and Richard Layard (eds), *Postwar Economic Reconstruction and Lessons for the East Today*, MIT Press, Cambridge, MA, pp. 189–230.
7. Selwyn Cornish and Alex Millmow, 2016, 'A. W. H. Phillips and Australia', *History of Economics Review*, 63 (1): 2–20.
8. Vito Tanzi and Ludger Schuknecht, 2000, *Public Spending in the 20th century: A Global Perspective*, Cambridge University Press, Cambridge, UK, p. 6.

第９章　黄金の30年？

1. Branko Milanović, 2008, 'Where in the world are you? Assessing the importance of circumstance and effort in a world of different mean country incomes and (almost) no migration', Policy Research Working Paper 4493, World Bank, Washington, DC.
2. OECD, 2019, *Negotiating Our Way Up: Collective Bargaining in a Changing World of Work*, OECD, Paris.
3. Jan Tinbergen, 1974, 'Substitution of graduate by other labour', *Kyklos*, 27 (2): 217–26；Claudia Goldin and Lawrence Katz, 2008, *The Race Between Education and Technology*, Harvard University Press, Cambridge, MA.
4. Andrew Stanley, 2022, *Global Inequalities*, International Monetary Fund, Washington, DC.
5. Andrew Leigh, 2009, 'Does the world economy swing national elections?', *Oxford Bulletin of Economics and Statistics*, 71 (2): 163–81.
6. Alan Holmans, 2005, *Historical Statistics of Housing in Britain*, Cambridge Centre for Housing & Planning Research, University of Cambridge, Cambridge, UK, pp. 130, 143.
7. Steven Johnson, 2010, *Where Good Ideas Come From: The Natural History of Innovation*, Penguin, New York, pp. 214–15.（『イノベーショ

ンのアイデアを生み出す七つの法則』スティーブン・ジョンソン著、松浦俊輔訳、日経BP、2013年）

8. Kishtainy, 2017, p. 134.
9. Gary Becker, 1968, 'Crime and punishment: An economic approach', *Journal of Political Economy*, 76 (2): 169–217.
10. Gary Becker, 1957, *The Economics of Discrimination*, University of Chicago Press, Chicago.
11. これらはブレグジット後の数字。
12. Air Transport Association of America, 1970, *1970 Air Transport Facts and Figures*, ATAA, Washington, DC.
13. 'Credit card debt statistics', 以下で閲覧可。balancingeverything.com/credit-card-debt-statistics/, updated 6 January 2023.
14. Anja Achtziger, 2022, 'Overspending, debt, and poverty', *Current Opinion in Psychology*: 101342.
15. George Akerlof, 1970, 'The market for lemons: Quality uncertainty and the market mechanism', *Quarterly Journal of Economics*, 84 (3): 488–500.
16. David Card and Stefano DellaVigna, 2013, 'Nine facts about top journals in economics', *Journal of Economic Literature*, 51 (1): 144–61.
17. Coggan, 2020, pp. 234–5.
18. 筆者の計算。以下の文献にもとづく。Bolt and Luiten van Zanden, 2020.
19. Helen Yaffe, 2009, *Che Guevara: The Economics of Revolution*, Palgrave Macmillan, London, p. 21.
20. Gordon Corera, 'India: The economy', BBC, 3 December 1998.
21. Marco Colagrossi, Domenico Rossignoli and Mario A. Maggioni. 2020, 'Does democracy cause growth? A meta-analysis (of 2000 regressions)', *European Journal of Political Economy*, 61: 101824.
22. MV Lee Badgett, Sheila Nezhad, Kees Waaldijk and Yana van der Meulen Rodgers, 2014, 'The relationship between LGBT inclusion and economic development: An analysis of emerging economies', Williams Institute and US AID, Washington, DC.
23. Aniruddha Mitra, James T. Bang and Arnab Biswas, 2015, 'Gender equality and economic growth: Is it equality of opportunity or equality of outcomes?', *Feminist Economics*, 21 (1): 110–35.

24. Angus Maddison, 2006, *The World Economy*. OECD, Paris, p. 178.（『経済統計で見る世界経済2000年史』アンガス・マディソン著、政治経済研究所訳、柏書房、2004年）
25. 筆者の計算。以下の文献にもとづく。Bolt and Luiten van Zanden, 2020.
26. Cormac Ó Gráda, 2007, 'Making famine history', *Journal of Economic Literature*, 45 (1): 5–38.

第10章　市場がすべて？

1. Ke Wang, 2008, 'Xiaogang Village, birthplace of rural reform, moves on', China.org.cn, 15 December.
2. この話は主に以下の文献にもとづく。David Kestenbaum and Jacob Goldstein, 2012, 'The secret document that transformed China', *Planet Money*, 20 January.
3. Nicholas Lardy, 2016, 'The changing role of the private sector in China' in Iris Day and John Simon (eds), *Structural Change in China: Implications for Australia and the World*, Reserve Bank of Australia, Sydney, pp. 37–50.
4. Shujie Yao, 2000, 'Economic development and poverty reduction in China over 20 years of reforms', *Economic Development and Cultural Change*, 48 (3): 447–74.
5. Julia Simon and Kenny Malone, 2021, 'Looking back on when President Reagan fired the air traffic controllers', *NPR Morning Edition*, 5 August.
6. William A. Niskanen, 1988, *Reaganomics: An Insider's Account of the Policies and the People*, Oxford University Press, Oxford.（『レーガノミックス：アメリカを変えた3000日』ウィリアム・A・ニスカネン著、香西泰訳、日本経済新聞社、1989年）
7. Mark Carney, 2021, *Value (s): Building a Better World for All*, William Collins, London, p. 173.
8. William L. Megginson and Jeffry M. Netter, 2001, 'From state to market: A survey of empirical studies on privatization', *Journal of Economic Literature*, 39 (2): 321–389.
9. Michael Porter, 1979, 'How competitive forces shape strategy', *Harvard Business Review*, 57: 137–145.
10. Daniel Hamermesh, 2011, *Beauty Pays: Why Attractive People Are More Successful*, Princeton University Press, Princeton, NJ.（『美貌格

差：生まれつき不平等の経済学』ダニエル・S・ハマーメッシュ著、望月衛訳、東洋経済新報社、2015年）

第11章　インフレ目標と格差

1. Coggan, 2020, p. 224.
2. '$100 billion for three eggs', *Herald Sun*, 25 July 2008.
3. Coggan, 2020, p. 258.
4. カナダ銀行総裁ジェラルド・ブーイの1982年の発言。
5. Kenneth Rogoff, 2022, 'The age of inflation', *Foreign Affairs*, Nov/Dec.
6. William McChesney Martin Jr, 1955, 'Address before the New York Group of Investment Bankers Association of America', 19 October.
7. 'One more push', *The Economist*, 21 July 2011.
8. Facundo Alvaredo, Lucas Chancel, Thomas Piketty, Emmanuel Saez and Gabriel Zucman, 2017, *World Inequality Report 2018*, Paris School of Economics, Paris, pp. 123–30.
9. 世界銀行の報告書「ビジネス環境の現状」による。以下で閲覧可。www.worldbank.org/en/programs/business-enabling-environment/doing-business-legacy（同報告書は2021年に廃止）.
10. Douglas Irwin, 2022, 'The trade reform wave of 1985–1995', *AEA Papers and Proceedings*, 112: 244–51.
11. Chad Bown and Douglas Irwin, 2015, 'The GATT's starting point: Tariff levels circa 1947', NBER Working Paper 21782; World Bank, 'Tariff rate, applied, weighted mean, all products（%）', 以下で閲覧可。data.worldbank.org/indicator/TM.TAX.MRCH.WM.AR.ZS.
12. Bolt and Luiten van Zanden, 2020.
13. 例えば、以下を参照。Justin Yifu Lin, 2019, 'New structural economics: The third generation of development economics', GEGI Working Paper 27, Global Development Policy Center, Boston University, Boston.
14. Mariana Mazzucato, 2013. *The Entrepreneurial State: Debunking Public vs. Private Myths in Risk and Innovation*, Anthem Press, London.（『企業家としての国家：イノベーション力で官は民に劣るという神話』マリアナ・マッツカート著、大村昭人訳、薬事日報社、2015年）
15. 'India's population will start to shrink sooner than expected', *The Economist*, 2 December 2021.
16. United Nations Department of Economic and Social Affairs, Population

Division, 2022. *World Population Prospects 2022*, United Nations, New York.（『世界人口予測1950→2100 2022年改訂版』［2分冊］国際連合経済社会局人口部編、原書房編集部訳、原書房、2022年）
17. Steven Ritter, 2008, 'The Haber-Bosch reaction: An early chemical impact on sustainability', *Chemical and Engineering News*, 86 (33).
18. Stuart Smyth, 2020, 'The human health benefits from GM crops', *Plant Biotechnology Journal*, 18 (4): 887–8.
19. Abdul Latif Jameel Poverty Action Lab (J-PAL), 2018, 'Free bednets to fight malaria', J-PAL Evidence to Policy Case Study.
20. Facundo Alvaredo, Lucas Chancel, Thomas Piketty, Emmanuel Saez and Gabriel Zucman, 2017, *World Inequality Report 2018*, Paris School of Economics, Paris, pp. 113–22.
21. 詳しくは以下を参照。Gans and Leigh, 2019.
22. William Kissick, 1994, *Medicine's Dilemmas: Infinite Needs Versus Finite Resources*, Yale University Press, New Haven, CT.
23. これらの事例は以下の文献による。David Cutler and Mark McClellan, 2001, 'Is technological change in medicine worth it?', *Health Affairs*, 20 (5): 11–29.
24. John Kenneth Galbraith, 1958, *The Affluent Society*, Houghton Mifflin Company, Boston.（『ゆたかな社会：決定版』ガルブレイス著、鈴木哲太郎訳、岩波現代文庫、2006年）
25. The Business Research Company, 2023, *Sports Global Market Report 2023*, The Business Research Company, London.
26. Joseph Price and Justin Wolfers, 2010, 'Racial discrimination among NBA referees', *Quarterly Journal of Economics*, 125 (4): 1859–87.
27. Kai Fischer, J. James Reade and W. Benedikt Schmal, 2022, 'What cannot be cured must be endured: The long-lasting effect of a COVID-19 infection on workplace productivity', *Labour Economics*, 79, 102281.
28. Graham Kendall and Liam Lenten, 2017, 'When sports rules go awry', *European Journal of Operational Research*, 257 (2): 377–94.

第12章　熱い市場と熱くなる地球

1. 以下を参照。www.internetworldstats.com/emarketing.htm.
2. マラリアで死ぬ人の数は年約60万人（世界保健機関「世界マラリア報告

書」）であるのに対し、鮫に襲われて死ぬ人の数は年約70人（フロリダ自然史博物館「国際鮫襲撃ファイル」）。自動車事故の死者数は年約130万人（世界保健機関）であるのに対し、航空機事故の死者数は年約300人（航空安全ネットワーク）。

3. Daniel Kahneman, 2011, *Thinking, Fast and Slow*, Farrar, Straus and Giroux, New York.（『ファスト＆スロー：あなたの意思はどのように決まるか？』［上下］ダニエル・カーネマン著、村井章子訳、ハヤカワ文庫、2014年）
4. OECD, 2022, 'HM 1.2 House Prices', OECD Affordable Housing Database, OECD, Paris.
5. シラーが2007年に行ったローラーコースターのシミュレーションは以下で閲覧できる。www.youtube.com/watch?v＝kUldGc06S3U.
6. Michael Lewis, 2010, *The Big Short: Inside the Doomsday Machine*, WW Norton, New York.（『世紀の空売り：世界経済の破綻に賭けた男たち』マイケル・ルイス著、東江一紀訳、文春文庫、2013年）
7. International Labour Organization, 2018, *Global Wage Report 2018/19: What Lies Behind Gender Pay Gaps*, ILO, Geneva.
8. Doris Weichselbaumer and Rudof Winter-Ebmer, 2005, 'A meta-analysis on the international gender wage gap', *Journal of Economic Surveys*, 19 (3): 479–511.
9. Alexandra de Pleijt and Jan Luiten van Zanden, 2021, 'Two worlds of female labour: gender wage inequality in western Europe, 1300–1800', *Economic History Review*, 74 (3): 611–38.
10. Kristen Schilt and Matthew Wiswall, 2008, 'Before and after: Gender transitions, human capital, and workplace experiences', *BE Journal of Economic Analysis & Policy*, 8 (1).
11. Claudia Goldin, 2021, *Career and Family: Women's Century-Long Journey Toward Equity*, Princeton University Press, Princeton, NJ.（『なぜ男女の賃金に格差があるのか：女性の生き方の経済学』クラウディア・ゴールディン著、鹿田昌美訳、慶應義塾大学出版会、2023年）
12. Rick Glaubitz, Astrid Harnack-Eber and Miriam Wetter, 2022, 'The gender gap in lifetime earnings: The role of parenthood', DIW Berlin Discussion Paper 2001, DIW, Berlin; Fatih Guvenen, Greg Kaplan, Jae Song and Justin Weidner, 2022, 'Lifetime earnings in the United States over six decades', *American Economic Journal: Applied Economics*, 14

(2): 446–79.
13. Jhacova Williams, 'Laid off more, hired less: Black workers in the COVID-19 recession', RAND blog, 29 September 2020.
14. Robert Klitgaard, 1988, *Controlling Corruption*, University of California Press, Oakland, CA.
15. Annette Alstadsæter, Niels Johannesen and Gabriel Zucman, 2018, 'Who owns the wealth in tax havens? Macro evidence and implications for global inequality', *Journal of Public Economics*, 162: 89–100.
16. Seema Jayachandran and Michael Kremer, 2006, 'Odious debt', *American Economic Review*, 96 (1): 82–92.
17. Tim Harford, 2020, *How to Make the World Add Up: Ten Rules for Thinking Differently About Numbers*, Little, Brown Book Group, London.（『統計で騙されない10の方法』ティム・ハーフォード著、上原裕美子訳、日経BP、2022年）
18. 以下を参照。www.guinnessworldrecords.com/world-records/most-successful-chimpanzee-on-wall-street.
19. Tim Edwards, Anu R. Ganti, Craig Lazzara, Joseph Nelesen and Davide Di Gioia, 2022, 'SPIVA U.S. Mid-Year 2022', S&P Dow Jones Indices, New York, p. 7.
20. Alexander Chinco and Marco Sammon, 2022, 'The passive-ownership share is double what you think it is', 以下で閲覧可。ssrn.com/abstract=4188052.
21. Annie Lowrey, 2021, 'Could index funds be "worse than Marxism"?', *The Atlantic*, 5 April.
22 IGM Economic Experts Panel, 2019, 'Diversified investing', Initiative on Global Markets, Chicago Booth, Chicago, 28 January.
23. Tyler Cowen, 2011, *The Great Stagnation: How America Ate All the Low-Hanging Fruit of Modern History, Got Sick, and Will (Eventually) Feel Better*, Dutton, New York.（『大停滞』タイラー・コーエン著、若田部昌澄解説、池村千秋訳、NTT出版、2011年）
24. Andrew G Haldane, 2015, 'Stuck', Speech given at the Open University, Milton Keynes, 30 June.
25. Atlantic Council's 'Global QE Tracker', 以下で閲覧可。www.atlanticcouncil.org/global-qe-tracker/.
26. Steve Liesman, 2019, 'Trump's tariffs are equivalent to one of the largest tax increases in decades', *CNBC*, 16 May.

27. Joseph Francois, Laura Baughman and Daniel Anthony, 2018, 'Round 3: "Trade discussion" or "trade war"? The estimated impacts of tariffs on steel and aluminum', Trade Partnership, Washington, DC, 5 June.
28. Pablo Fajgelbaum, Pinelopi Goldberg, Patrick Kennedy and Amit Khandelwal, 2020, 'The return to protectionism', *Quarterly Journal of Economics*, 135 (1): 1–55.
29. 'Impact of Brexit on economy "worse than Covid"', *BBC News*, 27 October 2021.

第13章　パンデミックとその後

1. Rakesh Padhan and K. P. Prabheesh, 2021, 'The economics of COVID-19 pandemic: A survey', *Economic Analysis and Policy*, 70: 220–37.
2. Ibid.
3. International Monetary Fund, 2022, *2022 Global Debt Monitor*, IMF, Washington, DC, p. 7.
4. 例えば、以下を参照。Centers for Disease Control and Prevention, 2021, 'Morbidity and mortality weekly report' 70 (37), 17 September.
5. Evan P. Starr, James J. Prescott and Norman D. Bishara, 2021, 'Noncompete agreements in the US labor force', *Journal of Law and Economics*, 64 (1): 53–84.
6. Amy Webb, 2019, *The Big Nine: How the Tech Titans and Their Thinking Machines Could Warp Humanity*, Public Affairs, New York.（『ビッグ・ナイン：巨大ハイテク企業とAIが支配する人類の未来』エイミー・ウェブ著、稲垣みどり訳、光文社、2020年）
7. Hannah Fry, 2018, *Hello World: Being Human in the Age of Algorithms*, WW Norton, London.（『アルゴリズムの時代：機械が決定する世界をどう生きるか』ハンナ・フライ著、森嶋マリ訳、文藝春秋、2021年）
8. Cathy O'Neil, 2016, *Weapons of Math Destruction*, Crown, New York.（『あなたを支配し、社会を破壊する、AI・ビッグデータの罠』キャシー・オニール著、久保尚子訳、インターシフト、2018年）
9. Shoshana Zuboff, 2019, *The Age of Surveillance Capitalism: The Fight for a Human Future at the New Frontier of Power*, Profile Books, New York.（『監視資本主義：人類の未来を賭けた闘い』ショシャナ・ズボフ著、野中香方子訳、東洋経済新報社、2021年）

10. Raj Chetty, David Grusky, Maximilian Hell, Nathaniel Hendren, Robert Manduca and Jimmy Narang, 2017, 'The fading American dream: Trends in absolute income mobility since 1940', *Science*, 356 (6336): 398–406; Raj Chetty and Nathaniel Hendren, 2018, 'The effects of neighborhoods on intergenerational mobility I: Childhood exposure effects', *Quarterly Journal of Economics*, 133 (3): 1107–62；Raj Chetty and Nathaniel Hendren, 2018, 'The effects of neighborhoods on intergenerational mobility II: County level estimates', *Quarterly Journal of Economics*, 133 (3): 1163–1228.
11. Raj Chetty, Matthew O. Jackson, Theresa Kuchler, Johannes Stroebel et al., 2022, 'Social Capital I: Measurement and Associations with Economic Mobility', *Nature*, 608 (7921): 108–21; Raj Chetty, Matthew O. Jackson, Theresa Kuchler, Johannes Stroebel et al., 2022, 'Social Capital II: Determinants of Economic Connectedness', *Nature*, 608 (7921): 122–34.
12. 法廷経済学の事例はすべて以下の文献による。Eric Zitzewitz, 2012, 'Forensic economics', *Journal of Economic Literature*, 50 (3): 731–69.
13. この研究は以下の論文として発表された。Andrew Leigh, 2010, 'Who benefits from the earned income tax credit? Incidence among recipients, coworkers and firms', *BE Journal of Economic Analysis and Policy*, 10 (1).
14. Seth Stephens-Davidowitz, 2017, *Everybody Lies: What the Internet Can Tell Us About Who We Really Are*, Bloomsbury, London.（『誰もが嘘をついている：ビッグデータ分析が暴く人間のヤバい本性』セス・スティーヴンズ＝ダヴィドウィッツ著、酒井泰介訳、光文社未来ライブラリー、2022年）
15. Hoyt Bleakley and Jeffrey Lin, 2012, 'Portage and path dependence', *Quarterly Journal of Economics*, 127 (2): 587–644.
16. Luis Martinez, 2022, 'How much should we trust the dictator's GDP growth estimates?' *Journal of Political Economy*, 130 (10): 2731–69.
17. これらを含め、以下の文献で数多くの事例が紹介されている。Dave Donaldson and Adam Storeygard, 2016, 'The view from above: Applications of satellite data in economics', *Journal of Economic Perspectives*, 30 (4): 171–98.
18. Erik Brynjolfsson, Avinash Collis and Felix Eggers, 2019, 'Using

massive online choice experiments to measure changes in well-being', *Proceedings of the National Academy of Sciences*, 116 (15): 7250–5.

19. Kishtainy, 2017, pp. 208–9.
20. Marilyn Waring, 1988, *If Women Counted: A New Feminist Economics*. Harper and Row, San Francisco.（『新フェミニスト経済学』マリリン・ウォーリング著、篠塚英子訳、東洋経済新報社、1994年）

第14章　経済と経済学の過去、現在、未来

1. Max Roser, 2016, 'Stop saying that 2016 was the "worst year"', *The Washington Post*, 29 December.
2. 乳児死亡率のデータは以下にもとづく。ourworldindata.org/child-mortality（1970年代初頭）、childmortality.org（本稿執筆時点で最新の2021年のデータ）。サービス業の雇用数は、世界銀行のデータによる（コードはSL.SRV.EMPL.ZS）。
3. Steven Pinker, 2018, *Enlightenment Now: The Case for Reason, Science, Humanism, and Progress*, Viking, New York.（『21世紀の啓蒙：理性、科学、ヒューマニズム、進歩』［上下］スティーブン・ピンカー著、橘明美／坂田雪子訳、草思社文庫、2023年）
4. 天然痘の死者数は以下を参照。Donald Henderson, 2009, *Smallpox: The Death of a Disease*, Prometheus Books, Amherst, New York, p. 12.
5. Betsey Stevenson and Justin Wolfers. 2008, 'Economic growth and happiness: Reassessing the Easterlin paradox', *Brookings Papers on Economic Activity*, Spring 2008, pp. 1–87; Angus Deaton, 2008, 'Income, health, and well-being around the world: Evidence from the Gallup World Poll', *Journal of Economic Perspectives*, 22 (2), pp. 53–72.
6. Stevenson and Wolfers, 2008.
7. この段落の日給の推定値は以下の文献にもとづく。Bolt and Luiten van Zanden, 2020.
8. OECD/SWAC, 2020, *Africa's Urbanisation Dynamics 2020: Africapolis, Mapping a New Urban Geography*, West African Studies, OECD Publishing, Paris.
9. 壊滅的なリスクについて、さらに詳しいことは以下を参照。Andrew Leigh, 2021, *What's the Worst That Could Happen? Existential Risk and Extreme Politics*, MIT Press, Cambridge, MA.
10. Gernot Wagner and Martin L. Weitzman, 2016, *Climate Shock: The*

Economic Consequences of a Hotter Planet, Princeton University Press, Princeton NJ.（『気候変動クライシス』ゲルノット・ワグナー／マーティン・ワイツマン著、山形浩生訳、東洋経済新報社、2016年）

11. Bob Pishue, 2023, *2022 INRIX Global Traffic Scorecard*, INRIX, Kirkland, WA.
12. Pishue, 2023.
13. Zach Stein-Perlman, Benjamin Weinstein-Raun and Katja Grace, '2022 expert survey on progress in AI', AI Impacts, 3 August 2022, https://aiimpacts.org/2022-expert-survey-on-progress-in-ai/.
14. Coggan, 2020, p. 357.
15. Bruce Chapman（ed.）, 2006, *Government Managing Risk: Income Contingent Loans for Social and Economic Progress*, Routledge, London.
16. Robert Jensen, 2007, 'The digital provide: Information（technology）, market performance, and welfare in the South Indian fisheries sector', *Quarterly Journal of Economics*, 122（3）: 879–924.
17. この段落の議論は以下にもとづく。Johnson, 2010, pp. 230, 236.
18. Harford, 2020, p. 273.